COMUNICAÇÃO NAS ORGANIZAÇÕES

CIP-BRASIL. CATALOGAÇÃO NA PUBLICAÇÃO
SINDICATO NACIONAL DOS EDITORES DE LIVROS, RJ

T64c

Torquato, Gaudêncio
   Comunicação nas organizações : empresas privadas, instituições e setor público / Gaudêncio Torquato. - São Paulo : Summus, 2015.
   248 p. : il.

   Inclui bibliografia
   ISBN 978-85-323-1014-9

   1. Liderança. 2. Comunicação empresarial. 3. Comunicação nas organizações. I. Título.

15-20259
CDD: 658.4092
CDU: 005.322:316.46

www.summus.com.br

Compre em lugar de fotocopiar.
Cada real que você dá por um livro recompensa seus autores
e os convida a produzir mais sobre o tema;
incentiva seus editores a encomendar, traduzir e publicar
outras obras sobre o assunto;
e paga aos livreiros por estocar e levar até você livros
para a sua informação e o seu entretenimento.
Cada real que você dá pela fotocópia não autorizada de um livro
financia o crime e ajuda a matar a produção intelectual de seu país.

GAUDÊNCIO TORQUATO

COMUNICAÇÃO NAS ORGANIZAÇÕES

- *Empresas privadas, instituições e setor público*
- *Conceitos, estratégias, planejamento e técnicas*

summus editorial

COMUNICAÇÃO NAS ORGANIZAÇÕES
Empresas privadas, instituições e setor público
Copyright © 2015 by Gaudêncio Torquato
Direitos desta edição reservados por Summus Editorial

Editora executiva: **Soraia Bini Cury**
Assistente editorial: **Michelle Neris**
Capa: **Alberto Mateus**
Projeto gráfico e diagramação: **Crayon Editorial**
Impressão: **Geográfica Editora**

Summus Editorial
Departamento editorial
Rua Itapicuru, 613 – 7º andar
05006-000 – São Paulo – SP
Fone: (11) 3872-3322
Fax: (11) 3872-7476
http://www.summus.com.br
e-mail: summus@summus.com.br

Atendimento ao consumidor
Summus Editorial
Fone: (11) 3865-9890

Vendas por atacado
Fone: (11) 3873-8638
Fax: (11) 3872-7476
e-mail: vendas@summus.com.br

Impresso no Brasil

SUMÁRIO

PREFÁCIO À EDIÇÃO DE 2015 9

PARTE I
CONCEITOS E LIÇÕES 19

1. A COMUNICAÇÃO COMO PODER NAS ORGANIZAÇÕES 20
Introdução 20
A empresa como sistema 20
Comunicação como sistema 23
Comunicação como poder expressivo 25

2. COMUNICAÇÃO DE MASSA E COMUNICAÇÃO ORGANIZACIONAL 29
A massa, segundo Canetti 29
A comunicação de massa 30
Feedback retardado e simultâneo 33
Veículos da comunicação organizacional 36
Mecanismos de impacto das mensagens 37
Desafios ao profissional da comunicação 38
O que informar 40
Influências externas 42

3. EFICIÊNCIA E EFICÁCIA DA COMUNICAÇÃO ORGANIZACIONAL 45
Ruídos nos fluxos 47
A comunicação para consenso 49
Comunicação eficaz 54
Economia 56
Sinergia 57

4. COMUNICAÇÃO ORGANIZACIONAL: CATEGORIAS, NÍVEIS, FLUXOS E REDES 61
A fenomenologia da comunicação 61
Categorias. 64
Classificação disciplinar 65
Níveis 67
Fluxos 69
Redes 70

5. PROCESSOS, VEÍCULOS E TIPOS NA COMUNICAÇÃO ORGANIZACIONAL 72
Necessidade de comunicação 72
O processo de comunicação 75
Comunicação instrumental 76
Duas posições 79
Canais formais e informais 79
Métodos e veículos 80
Comunicação descendente centrífuga 81
Comunicação ascendente centrípeta 82
Comunicação lateral ou horizontal 84
Os tipos de comunicação 85
O modelo sistêmico 86

6. COMUNICAÇÃO NAS ORGANIZAÇÕES E AMBIENTE EXTERNO 88
Uma visão internacional 88
Mecanismos de ajuste 90
Efeitos internos e externos 92
Países em desenvolvimento 94
Uma visão brasileira 96
A indústria cultural 100

7. ORGANIZAÇÃO DO SISTEMA DE COMUNICAÇÃO: ÁREAS E PROGRAMAS 104
Área de comunicação cultural 105
Área de comunicação coletiva 108
Área de Sistemas de Informação 120

8. OBJETIVOS E RESULTADOS DA COMUNICAÇÃO ORGANIZACIONAL 123

PARTE II
PLANEJAMENTO, ANÁLISES E ESTUDOS APLICADOS 131

1. O PODER DAS ORGANIZAÇÕES NO SÉCULO XXI 132
Condições macroambientais que cercam as organizações contemporâneas . 132
Estratégias para a comunicação organizacional
    em face do novo macroambiente 135
Novas necessidades estratégicas para a comunicação nas organizações . . 138

2. O IMPACTO DAS MUDANÇAS NA COMUNICAÇÃO ORGANIZACIONAL 144
Efeitos da revolução tecnológica da informação 146
Moldura paradigmática da sociedade digital 147
Transformações e avanços na mídia 148
Perspectivas 150
Riscos 151
Publicações organizacionais 151

3. A NOTÍCIA DE EMPRESA E O SISTEMA DE COMUNICAÇÃO 157
A notícia empresarial e o sistema de comunicação 157
A natureza jornalística 158
Âmbito e objetivos 160
Os conteúdos 162
As formas 163
Os canais e os públicos 164
As publicações internas e a notícia 164
A mensagem na publicação interna 165
Publicações externas 166
Problemas 166

4. UM *CASE* HISTÓRICO: O PLANEJAMENTO DA COMUNICAÇÃO IMPRESSA NO MEIO RURAL 168
Introdução 168
Definir estruturas 170
Conclusões 172
Globalização da situação 173
Identificação das mensagens 174
Captação 175
Planejamento técnico 176
Pequeno manual de planejamento para veículos impressos 177

5. COMUNICAÇÃO E ADMINISTRAÇÃO DE CONFLITOS 187

6. RELAÇÕES PÚBLICAS E O CONSUMIDOR 190
A lógica clássica do consumo 190
A nova lógica do consumo e o novo consumidor 191
A antiga e a nova postura de relações públicas 193

7. MARKETING DE PRODUTO E MARKETING INSTITUCIONAL 197

8. O MITO DA FELICIDADE NA COMUNICAÇÃO ORGANIZACIONAL 200
Sociedade da abundância 200
Os passos da comunicação empresarial: as RPs, a publicidade 203
A publicidade institucional 204
Uma mudança de papel, uma inovação no conceito 205
Mudança nas frentes 207

Revolução nas formas 209
Conclusão 210
9. COMPROMISSOS SOCIAIS DAS ORGANIZAÇÕES 212
10. O EMPRESARIADO E A ÉTICA 215
11. VULNERABILIDADE DO CONCEITO DE ORGANIZAÇÃO: O RISCO DA *DISSONÂNCIA COGNITIVA* . . 217
12. A COMUNICAÇÃO NAS ORGANIZAÇÕES PÚBLICAS E ASSOCIATIVAS 221
Organizações públicas 221
Associações 230
Bases para um programa de comunicação 232

POSFÁCIO 237
REFERÊNCIAS BIBLIOGRÁFICAS 241
O AUTOR 245

PREFÁCIO À EDIÇÃO DE 2015

DESDE QUE INICIEI MINHA trajetória de pesquisas acadêmicas e trabalhos profissionais em jornalismo empresarial, no final dos anos 1960, o Brasil e o mundo conheceram profundas transformações em sua estrutura produtiva, em sua fronteira nacional, no mercado de consumo, na tecnologia de informação e nos sistemas de comunicação. Nada aconteceu de uma só vez, houve transições em direção à globalização da economia, consolidada a partir dos anos 1990, ao mesmo tempo que a tecnologia digital se viabilizou em termos de produtos de consumo em larga escala, por meio de computadores pessoais, *notebooks*, celulares, *tablets* etc., impulsionados a partir do advento da web 2.0 e das redes de acesso em banda larga.

Durante essa trajetória, do ponto de vista da pesquisa acadêmica e da ação profissional, também fizemos transições, migrando rapidamente do paradigma do jornalismo empresarial (objeto de minha tese de doutoramento na ECA-USP, em 1972) para o escopo da comunicação empresarial. Usei para isso à perspectiva de abordagem integrada, estratégica, sistêmica na abordagem de minha reflexão, por ocasião de tese de livre-docência que defendi, em 1983, na Escola de Comunicações e Artes da Universidade de São Paulo, a qual deu origem à primeira edição desta obra.

A COMUNICAÇÃO SISTÊMICA

Já não me conformava em tratar exclusivamente de jornalismo empresarial, um único eixo entre os dez abarcados pela comunicação. Vislumbrei essa hipótese e passei a desenvolvê-la na academia e no mercado. Trabalhando em um grande grupo privado, com cerca de 40 empresas, estabeleci um modelo sistêmico de comunicação, incorporando os nichos clássicos da comunicação social – jornalismo empresarial, assessoria de imprensa, relações públicas (eventos, endomarketing), propaganda (institucional e mercadológica), editoração (livros e folheteria), sistema de pesquisas etc. Desenhava-se, assim, um dos primeiros modelos corporativos da comunicação em organizações complexas.

Nessa tese, introduzi uma nova base conceitual, demonstrando que a comunicação exerce um poder expressivo no âmbito das empresas e instituições. Trata-se de um campo que pavimenta a legitimidade e credibilidade das organizações em seus públicos interno e externo, e completa a tipologia dos poderes que lhe são inerentes: os poderes remunerativo, normativo e coercitivo, tipologia esta desenhada por Amitai Etzioni (1974). O avanço foi, portanto, no sentido de acrescentar o poder expressivo ao modelo de Etzioni, cuja importância é cada vez maior na contemporaneidade.

Descrevi os pressupostos: se o poder é a capacidade de uma pessoa influenciar outra para que esta aceite as razões da primeira, isso ocorre, inicialmente, por força da argumentação. A relação de poder estabelece-se em decorrência do ato comunicativo. O poder da comunicação apresenta-se ainda no carisma, esse brilho extraordinário que os líderes exprimem e se faz presente na eficiência do discurso, na maneira de falar, na gesticulação, na apresentação pessoal. O carismático possui imensa capacidade para integrar e harmonizar os discursos *semântico* e *estético*. E, ainda, detém a condição de animar os ambientes, atrair a atenção e a simpatia de ouvintes e interlocutores.

Nas organizações, a comunicação é usada de diversas formas. Desenvolve-se, de um lado, um conjunto de comunicações técnicas, instrumentais, burocráticas e normativas. Em paralelo, ocorrem situações de comunicação expressiva, centrada nas capacidades e habilidades, nos comportamentos e nas posturas das fontes. A comunicação expressiva humaniza, suaviza, coopta, agrada, diverte, converte, impacta, sensibiliza.

A COMUNICAÇÃO ESTRATÉGICA

Na sequência, trabalhei o conceito de comunicação estratégica. Se na década de 1970 a comunicação chegava a um alto patamar nas organizações, na de 1980 investiu-se do conceito estratégico. A era da estratégia prima pela necessidade de a organização ser a primeira no mercado ou, no máximo, a segunda. O foco era o do *posicionamento*. As grandes corporações e os modelos eram plasmados com base na ideia de centralização das chamadas funções-meio (planejamento, recursos humanos e comunicação) e descentralização das chamadas funções-fim (fabricação, vendas e distribuição). A profissionalização consolidava-se e os quadros do jornalismo das redações dos grandes jornais e das grandes revistas assumiam funções importantes nas corporações. O ingresso dos jornalistas nas empresas conferiu novo ritmo à comunicação empresarial e as universidades foram obrigadas a reforçar o conceito, dando vazão a cursos específicos.

A maior valorização do profissional caracterizou a década de 1990. Na verdade, ele passou a ser um eficaz intérprete dos efeitos da globalização, principalmente no que se refere ao foco do discurso e à estratégia para conferir nitidez à identidade e à imagem organizacionais. O comunicador passou a ser um leitor agudo da necessidade de a empresa interagir estrategicamente com o meio ambiente e competir em um mercado aberto a novos conceitos e novas demandas. A globalização propiciou, ainda, a abertura do universo da locução. Os discursos empresariais tornaram-se intensos, passando a provocar mais ecos.

A COMUNICAÇÃO GOVERNAMENTAL

Um pouco antes, em 1986, ousara abrir mais um leque nas cartas da comunicação, trabalhando o terceiro conceito – o da comunicação governamental, oportunidade em que, coordenando um grupo de comunicadores de primeira linha, procuramos orientar o Governo Federal na implantação de um Programa Estratégico de Comunicação Governamental. Na oportunidade, o universo da comunicação encontrava-se desprovido de mapas conceituais e carente de formulações.

Esgotando essa experiência, com a proposição de estratégias para alguns ministérios e a formulação de um modelo centralizado de comunicação governamental para o Poder Executivo, chegou a vez do marketing político. Nessa oportunidade, tratava-se de ampliar o leque da comunicação, buscando agregar a ela novos eixos – pesquisas de opinião, formação do discurso (identidade), articulação e mobilização das massas. Amparado na vivência de campanhas políticas para governo de alguns estados, reuni os conhecimentos nos dois campos especializados e lancei um terceiro livro, *Marketing político e governamental: um roteiro para campanhas políticas e estratégias de comunicação* (1985). Percebi que se descortinava, no país, um imenso território: o marketing político eleitoral e o marketing político permanente, com foco no suporte a candidatos eleitos, tanto do Executivo quanto do Legislativo, nas três esferas da Federação.

O clima era convidativo. Os poderes executivos – prefeitos e governadores – abriam espaços para a instalação de estruturas de comunicação governamental, na perspectiva de ampliação de espaços de visibilidade, aperfeiçoamento da identidade e prestação de contas à comunidade política. A sensibilidade e o interesse eram movidos pela emergência do Estado-Espetáculo, que passou a exibir sua fosforescência na década de 1960, nos Estados Unidos, a partir da inserção de publicitários, jornalistas e consultores de relações públicas por políticos e candidatos à presidência da República.

Inaugurava-se a Era Midiática e da Visibilidade dos atores que ganharam os palcos da política e passaram a conviver com as formas plurais da comunicação de massa. Representantes e representados viram-se ligados pelos elos midiáticos, pelas campanhas de rádio e TV, pelos debates políticos e campanhas de ataque e defesa de valores. A arena do espetáculo político ganhava exuberância. Nas últimas décadas, portanto, trabalhamos com o marketing político eleitoral e o marketing político permanente, nos âmbitos do Executivo e do Legislativo, nas esferas federal, municipal e estadual.

Nesse período, deparamo-nos com diferentes ciclos de desenvolvimento do marketing político, entre eles a Era Collor e os governos de Fernando Henrique Cardoso e Luís Inácio Lula da Silva, cada um com traços bem peculiares (se Collor se portou como uma celebridade instantânea, apelando sempre ao marketing da exacerbação, Fernando Henrique procurou construir a imagem do *scholar* do poder central, enquanto Lula buscou projetar sua identificação com a do brasileiro simples, pobre, mas esforçado e impregnado de esperança).

A COMUNICAÇÃO NAS ORGANIZAÇÕES

A par desses ciclos do marketing político, passei a estudar a dinâmica social no país a partir da formação de milhares de organizações sociais que começaram a realizar intensa movimentação social. Ao longo das últimas duas décadas, tenho ressaltado o crescente grau de organização social no Brasil, recomendando que empresas privadas, entidades de espectros diferenciados e candidatos se apoiem na estrutura da rede social estruturada. Trata-se de um conselho tão velho quanto a Roma antiga. Quinto Túlio Cícero já fizera isso antes, ao recomendar ao irmão, Marco Túlio Cícero, a "atenção para a cidade inteira, todas as associações, todos os distritos e bairros".

No Brasil, observamos um vácuo entre o setor político e a sociedade que está sendo preenchido pelas organizações intermediárias. Esse universo organizacional expande-se e fortalece-se em função de um fluxo de organização social. Em outras palavras, a sociedade organiza-se em grupos, em setores, em categorias, que se juntam em torno de organizações, e estas passam a defender seus interesses. São as associações de classe, os sindicatos, as federações, os clubes de mães, as comunidades de base, os movimentos ecológicos, de etnias – dos negros, das mulheres, das colônias –, de defesa do consumidor, o Movimento dos Sem-Terra, entre outros.

A micropolítica, a política das entidades, passa, portanto, a substituir a macropolítica, que, por muito tempo, inspirou o discurso dos grandes partidos. Os cidadãos tornam-se mais conscientes de suas necessidades e de seus direitos. Trabalham de maneira menos emocional e mais racional que a política, querem participar ativamente dos processos decisórios e procuram resgatar a cidadania perdida. Os velhos líderes aposentam-se, arquivando seus níveis de deterioração e desgaste. Surgem novas caras. Queremos dizer que aparece, sorrateiro, um Brasil forte, que começa a ser construído por lideranças emergentes, presentes, sobretudo, no campo das instituições intermediárias. Trata-se de um processo lento, mas em vigor.

Na moldura da organização social, certas organizações detêm apreciável cota de poder, como os credos, as igrejas, as religiões. A mídia massiva, por sua vez, também continua a exercer extraordinário poder, criando imensas estruturas de pressão, principalmente diante do sistema político. A malha organizativa abrange, ainda, grandes federações, sindicatos e associações de empregadores e empregados. Nesse ponto, emerge a necessidade de os atores sociais – todos, sem exceção, inclusive os credos – usarem, de modo eficaz e eficiente, formas, métodos e processos múltiplos de comunicação.

Na esteira do desenvolvimento das modalidades da comunicação – nas áreas impressa e eletrônica, nas novas tecnologias –, com base na moldura de evolução dos modelos e da multiplicação das estruturas, e, ainda, por meio da observação de que nem todos os entes sociais produtivos são empresas, mas integram o universo das organizações, passei a adotar, no mercado e em cursos de graduação e pós-graduação, a designação *comunicação organizacional*, em vez de *comunicação empresarial*.

Aliás, essa é a razão central da mudança do título deste livro. Trata-se, afinal, de reconhecer a irrefutável realidade: a comunicação resvalou para outros terrenos e espaços, ampliando o escopo e adicionando novos campos ao território da comunicação empresarial. Sindicatos, associações, federações, confederações, agremiações, escolas, clubes e partidos políticos começavam a usar, de maneira intensa, as ferramentas da comunicação. A área pública deu grandes avanços no sentido da profissionalização de suas estruturas de comunicação e, já em meados da década de 1980, a comunicação política também passou a ganhar impulso.

O contexto que se esboça desde os anos 1990 tem obrigado as organizações a estruturar a área da comunicação com avançados recursos. Nos últimos anos, a novidade aponta para as redes sociais. Tal propósito ganhará, porém, efetividade apenas se for desenvolvido na esteira de uma visão sistêmica, ou seja, ancorando a comunicação com o consumidor internauta a uma identidade previamente construída sobre valores, linguagem e objetivos, os quais devem estar bem claros e afinados às expectativas e demandas de todos os colaboradores. Dessa maneira, muitos dos paradigmas lançados nas últimas décadas acerca da comunicação organizacional permanecem basilares e podem contribuir para que a nova realidade tecnológica se transforme em uma avançada alavanca do sistema de comunicação a serviço das empresas privadas, autarquias públicas, das instituições e dos órgãos governamentais e representativos do Estado.

PERSPECTIVAS

Neste limiar de 2015, observamos que o fenômeno das redes sociais via internet alçou a comunicação a uma centralidade ainda maior nas estratégias das organizações, potencializando o poder expressivo. Essa nova dinâmica acarreta grandes vantagens às organizações, já que as redes ampliam as oportunidades de estabelecer uma comunicação mais célere com os seus diversos públicos em nível global e em tempo real. De outro modo, porém, esse fato vem deixando-as mais vulneráveis, obrigando-as a cuidar com vigor e atenção do chamado patrimônio intangível, aquele que diz respeito à credibilidade da marca.

Temos hoje um consumidor que também é produtor de informações, que interage com outros consumidores e expressa opiniões, experiências e impressões o tempo todo; assim, a credibilidade de uma empresa ou marca pode ser questionada em qualquer tempo e lugar, em testemunhos que ganham escala massiva. Por exemplo, o consumidor não se importa em adquirir e usar o produto de uma marca global que tenha sido confeccionado na Ásia ou na América do Norte, mas ficará impactado e protestará se souber que determinada mercadoria é fruto da exploração do trabalho infantil. A queixa certamente será reproduzida por outros internautas indignados e transformada em viral (será espalhada rapidamente como um vírus), ganhando ainda a cobertura do noticiário e gerando estragos substantivos à imagem da marca.

PROPOSTA DO LIVRO

Este livro quer, portanto, ajudar o imenso público que trabalha com as mais variadas ferramentas da comunicação a maximizar as suas tarefas e, desse modo, contribuir para melhorar os padrões de competitividade.

Sua proposta básica é a de demonstrar que a comunicação exerce um extraordinário poder para o equilíbrio, o desenvolvimento e a expansão das organizações, notadamente neste novo contexto global-informacional. Compreender que variáveis influem para formar esse poder, situar seu papel ante outros poderes, mostrar como ganhar maior eficácia constituem objetivos das partes do livro, compostas em capítulos que procuram, didaticamente, oferecer ensinamentos de uso imediato. Na presente edição, novos capítulos foram introduzidos e os originais mantiveram sua base conceitual, a par de sua atualização.

O livro permanece com seu traço distintivo, qual seja, a abordagem sistêmica da comunicação organizacional. Reside nesse aspecto seu diferencial em relação à bibliografia de comunicação especializada. Procuro mostrar que a implantação de sistemas de comunicação nas organizações exige um minucioso planejamento voltado para a multiplicidade dos atos comunicativos, sejam essas empresas públicas ou privadas, entidades governamentais, representativas ou da sociedade civil. Dessa forma, a eficácia de instrumentos de comunicação coletiva ou social é resultante das atitudes e ações de comunicação interpessoal e grupal. O estudo da comunicação social passa, preliminarmente, pela análise de outras modalidades de comunicação.

Lembrar esse aspecto revela-se oportuno. Em minha experiência profissional, dirigindo estruturas de comunicação, coordenando a produção de planos estratégicos de comunicação, orientando atividades de jornalismo empresarial, assessoria de imprensa, relações públicas, publicidade e propaganda, editoração, identidade corporativa, constato situações e comportamentos que, sem sombra de dúvida, alimentam graves distorções. Os empresários e o quadro de dirigentes tendem a analisar, de maneira fragmentada e compartimentalizada, as atividades de comunicação. Imaginam que *press release*, matéria no jornal interno, newsletter, um evento de relações públicas ou uma mensagem publicitária institucional, tomados isoladamente, podem fazer milagres e criar uma imagem positiva para suas empresas. Tento mostrar que os atos, os canais, os programas, para serem eficientes e eficazes, necessitarão de coordenação centralizada com a finalidade de preservar uma linguagem homogênea e integrada.

Estruturar tais ações, montar modelos adaptados à cultura de cada instituição, auscultar os climas internos e as demandas externas para embasar as propostas de trabalho – essa é a dimensão que guia as linhas de pensamento propostas, formuladas com sentido de praticidade. Parto de um modelo ideal de estrutura de comunicação, dentro do qual dirigentes e profissionais hão de realizar reduções ou adaptações.

O importante é procurar considerar a comunicação uma ação integrada de meios, formas, recursos, canais e intenções. E, neste momento, procurar entender melhor como agem os grupos formais e informais que constituem uma organização, e de que modo esse fenômeno interage com o público externo. É preciso descobrir como criar uma linguagem mais adequada e rápida dentro da tecnologia que permeia o sistema de comunicação e informação das organizações; como trabalhar melhor as redes, utilizando referências linguísticas apropriadas; como amplificar as possibilidades da comunicação digital, que hoje reúne, em uma só mensagem, texto, imagem, vídeo e áudio (o chamado hipertexto).

Na sociedade informacional, a comunicação deixa de ser considerada definitivamente uma despesa para se inserir no rol dos investimentos indispensáveis à sobrevivência e ao crescimento das organizações.

Do ponto de vista formal, a primeira parte do livro situa questões e lições, sendo a segunda parte dedicada a considerações mais concisas relacionadas à rotina organizacional. Como já lembrei, a primeira é fruto da tese de livre-docência, intitulada *Comunicação e organização – O uso de comunicação sinérgica para obtenção de eficácia em organizações utilitárias*. Procurei enxugar o texto de abordagens herméticas próprias de tese. Na segunda parte, apresento alguns trabalhos, artigos e comentários que fiz ao longo das últimas décadas.

Este livro integra o rol de minhas reflexões sobre comunicação organizacional e marketing político/institucional, grande parte delas trabalhada em obras mais recentes, como o *Tratado de comunicação organizacional e política* e *O novo manual de marketing político*. Constitui, porém, o manual de referências centrais dos meus estudos de comunicação organizacional, pois fornece as bases essenciais para que profissionais, dirigentes e estudantes de todas as áreas de comunicação compreendam o fenômeno da comunicação e possam lidar com mais propriedade com instrumentos, programas e formas de comunicação a serviço de qualquer modalidade de organização.

GAUDÊNCIO TORQUATO
São Paulo, princípios de dezembro de 2014.

PARTE I

CONCEITOS E LIÇÕES

1. A COMUNICAÇÃO COMO PODER NAS ORGANIZAÇÕES

INTRODUÇÃO

Pretendemos, nesta primeira parte, estabelecer uma ligação entre as variáveis que organizam o conceito de empresa e os elementos condicionantes e determinantes do conceito de comunicação. Procurar-se-á, ao correr das ideias deste livro, apoio nas áreas de Teoria de Sistemas, Sociologia e Psicologia da Administração. É evidente que, ao tratar de um campo tão amplo como *Empresa e Comunicação,* não poderão ser evitadas as normais inferências, frutos de observação direta de experiências no trato rotineiro com organizações complexas.

A EMPRESA COMO SISTEMA

Como unidade socioeconômica voltada para a produção de um bem de consumo ou serviço, a empresa é um sistema que reúne capital, trabalho, normas, políticas e natureza técnica. Uma empresa não apenas objetiva gerar bens econômicos para uma relação de troca entre produtor e consumidor, mas procura também desempenhar um papel significativo no tecido social, missão que deve cumprir qualquer que seja o contexto político. São de alta relevância o papel formador da empresa dentro dos sistemas políticos e sua contribuição social por meio da geração de empregos, descoberta de processos, avanços tecnológicos, enfim, seu papel de vanguarda na elaboração de estratégias, produtos e serviços que resultam em progresso. Quanto à sua natureza econômica, é bom enfatizar que, graças à produção de bens e serviços para uma relação de troca, a empresa cria as condições para se viabilizar. Conciliando aspectos sociais e econômicos, a organização ajusta-se ao escopo para o qual foi idealizada.

Outro ponto que pretendemos realçar diz respeito à definição de sistema. A administração moderna há muito está se apoiando na Teoria de Sistemas. Para melhor clarificar a questão, procuremos posicionar a empresa como uma unidade dentro do vasto e complexo espectro das organizações. Se entendemos por organização o ordenamento, a disposição das partes que compõem um todo, ou, no dizer de Parsons (1974), a unidade social direcionada à consecução de metas específicas, vamos constatar na extensão do conceito os fundamentos dos princípios sistêmicos. A Teoria de Sistemas, por sua vez, impregna-se do conceito de organização na medida em que um sistema é o todo organizado, constituindo-se na possibilidade técnica e operacional de integração de partes, intercambiadas e interdependentes. Ou, na visão de Buckley (1971), o sistema é uma entidade concreta ou abstrata que reúne componentes que se relacionam mutuamente. Uma característica fundamental do sistema é, pois, o elemento organizacional que lhe é intrínseco, pelo que se infere que o todo, pela Teoria de Sistemas, é maior que a soma de suas partes, evidenciando-se, aqui, o caráter organizacional que constitui o elemento comprobatório do conceito.

Ao caracterizar o sistema como entidade abstrata, Buckley pretendeu lembrar dificuldades inerentes a determinados tipos de sistemas, cujos limites são muito difíceis de ser delineados. Estamos, evidentemente, tratando de sistemas abertos, que se caracterizam por formas de encadeamento e intercâmbio entre as partes e o todo, circuitos de realimentação, direção para metas, mecanismos de mediação e controle que os fazem evoluir acompanhando a dinâmica social. Como exemplo, o sistema político, cujos limites não se confinam ao corpo de disposições, normas e instituições políticas. Sua existência depende do sistema econômico e vice-versa. Daí a dificuldade para medir os exatos limites de um sistema.

Como sistema, a empresa possui limites definidos. De um lado, pelos componentes administrativos necessários à geração de bens e serviços; de outro, pelas influências do meio ambiente, podendo-se aduzir, por inferência, que uma empresa não é apenas resultante de componentes concretos do microssistema organizacional, mas também consequência de forças, pressões, recursos e situações, nem sempre fáceis de detectar, presentes no corpo social. Quando se organiza, pois, uma empresa, na verdade, o que se está organizando são seus circuitos internos e externos, ajustando-os e promovendo seu intercâmbio com outros sistemas.

A empresa, como sistema, apoia-se na cooperação, analisada por Barnard (1978) por meio do que ele chama de categorias determinantes de variações e situações de cooperação, tais como: a) aspectos relacionados ao meio ambiente físico; b) aspectos relacionados ao meio ambiente social; c) aspectos relacionados ao comportamento dos indivíduos; e d) outras variáveis que podem influir nas questões de cooperação, como recursos tecnológicos, políticas de remuneração etc.

A componente cooperativa inerente ao sistema organizacional já havia sido detectada por Spencer, na sua abrangente visão do contexto social. É deste filósofo inglês, um dos responsáveis pela teoria do darwinismo social, a ideia de que todas as espécies são iguais na medida em que cada qual exibe cooperação entre seus componentes em benefício do todo.

Ao lado da dimensão de cooperação, lembramos a visão de Weber (1964), que estabeleceu os princípios determinantes da legitimidade organizacional ao conceituar a burocracia. Quando edifica o arcabouço organizacional sobre uma base meramente burocrática – respeito às normas e à hierarquia, culto à impessoalidade, entre outros requisitos –, Weber confere à organização uma rigidez e uma falta de maleabilidade que, hoje, sob certos aspectos, criam obstáculos ao avanço organizacional.

Se juntarmos esses pensamentos à visão de Etzioni (1974), que estuda a legitimidade das organizações em face de três tipos de poderes – remunerativo, normativo e coercitivo –, teremos o quadro para radiografar a empresa sob os prismas sociológico, psicológico e antropológico, bases fundamentais para a análise da questão da comunicação. Etzioni, apesar de observar o crescente papel da comunicação na vida das organizações, fixa-se num modelo rígido que denota diferenças organizacionais baseadas em tipos de poder: o poder remunerativo, que legitima a organização pela remuneração pecuniária; o poder normativo, que cria a legitimação pela obediência à norma; e o poder coercitivo, responsável pelas coerções e pelos castigos.

Sobre esse leque de situações, desenvolveremos nossa visão de comunicação.

COMUNICAÇÃO COMO SISTEMA

A comunicação é um sistema aberto, semelhante à empresa. Como sistema, é organizada pelos elementos fonte, codificador, canal, mensagem, decodificador e receptor, ingredientes que vitalizam o processo.

O processo divide-se em duas etapas: a primeira, de transmissão da mensagem; a segunda, de recuperação, necessária para o controle da comunicação por parte da fonte. Ora, essa visão torna-se rígida, se se pretende estabelecer uma aproximação com o modelo matemático-cibernético de N. Wiener. Preferimos identificar nos elementos que formam o processo comunicacional os condicionantes sociológicos e antropológicos que envolvem as fontes, os codificadores, os decodificadores, os receptores. São esses fatores que estão à disposição das organizações para o ordenamento e cumprimento de metas e objetivos.

Procuremos alinhar alguns aspectos. Em primeiro lugar, cabe lembrar que a organização persegue um equilíbrio entre as partes que a formam. Seu equilíbrio é resultante da disposição ordenada entre suas partes. Essa integração é obtida graças ao processo comunicacional. Aparece, assim, a primeira relação entre comunicação e empresa. Pode-se afirmar, em consequência, que quando se organiza uma empresa, como bem lembra Lee Thayer (1979), na verdade está-se organizando o processo de comunicação entre suas partes. A comunicação, como processo, dá vida, por meio do encadeamento das partes, à empresa. Aceitando-se a premissa, pode-se extrair a conclusão: uma empresa organiza-se, desenvolve-se, enfim, sobrevive, graças ao sistema de comunicação que ela cria e mantém, e é responsável pelo envio e recebimento de mensagens de três grandes sistemas:

1. o sistema sociopolítico, em que se inserem os valores globais e as políticas do meio ambiente;

2. o sistema econômico-industrial, em que se inserem os padrões da competição, as leis de mercado, a oferta e a procura; e
3. o sistema inerente ao microclima interno das organizações, em que estão estabelecidas as normas e políticas necessárias às operações empresariais.

Trazendo informações desses três sistemas ou enviando-as para eles, o processo comunicacional estrutura as convenientes ligações entre o microssistema interno e o macrossistema social, estuda a concorrência e analisa as pressões do meio ambiente, gerando as condições para o aperfeiçoamento organizacional.

A partir dessa análise, pode-se aprofundar o entendimento da comunicação, pesquisando-se suas múltiplas perspectivas conceituais, extraindo-se de cada conceito uma experiência para a administração. Por exemplo, se se quer isolar o fenômeno comunicacional sob o prisma meramente sociológico, buscar-se-ão fundamentos na teoria de formação dos grupos, na teoria de formação da opinião pública, momento em que importantes questões afloram, entre elas, por exemplo, a situação das lideranças informais, os problemas gerados pela temida rede de boatos, os frequentes ruídos originados pela comunicação formal, os processos de organização das chamadas relações solidárias.

O processo da comunicação está igualmente imbricado à sociocultura organizacional, e nesse caso, o objeto de análise concentra-se sobre os elementos formadores dos climas internos, a partir da pesquisa de etnia e cultura dos tipos organizacionais, apoiando-se, portanto, em fundamentos antropológicos. O diagnóstico amplo das situações internas, sob as perspectivas sociológicas e antropológicas, é tarefa imprescindível para a implantação de projetos comunicacionais. A aplicação de um modelo de comunicação calcado na cultura organizacional influi decisivamente sobre a eficácia geral da empresa. Como técnica, a comunicação direciona naturalmente seus estudos para a procura de mensagens adequadas, corretas, oportunas, claras, concisas, precisas, que possam ser assimiladas sem ruídos pelos participantes organizacionais. Para atingir tal meta, a comunicação procurará ajustar seu discurso, estudando as habilidades e disposições das fontes e dos receptores, a natureza técnica dos canais, a complexidade e/ou simplicidade dos conteúdos, a oportunidade e regularidade dos fluxos e o tamanho dos grupos.

E, em processo de compreensão, multidisciplinar, aparecerão permeados nas mensagens de comunicação fundamentos da Linguística, da Sociologia, da Antropologia, da Ética, do Direito etc. A comunicação é, portanto, uma área multidisciplinar, mediando os interesses dos participantes, os interesses da empresa, como unidade econômica, e os interesses da administração. Essa grande característica do fenômeno comunicacional – de mediação de objetivos – mostra sua magnitude e importância para o equilíbrio do microclima interno. Na outra ponta do sistema, estão as vertentes comunicativas, ajustando a identidade empresarial ao meio social, processo que engloba as tarefas clássicas e bem definidas de relações públicas, publicidade, jornalismo, editoração, identidade visual, as redes sociais e os sistemas de informação com foco em bancos de dados. Esses setores tiveram seu papel redimensionado na nova sociedade informacional, em rede, acentuando sua influência sobre as estratégias das organizações.

COMUNICAÇÃO COMO PODER EXPRESSIVO

Se alguns poderes legitimam a empresa, a comunicação exerce igualmente certo e grande poder. A propósito, lembramos o pensamento de Deutsch (1979), que mostra o poder como a possibilidade de uma pessoa ou uma entidade gerar influência sobre outrem. A comunicação, que, como processo, transfere simbolicamente ideias entre interlocutores, é capaz de, pelo simples fato de existir, gerar influências. E mais: exerce, em sua plenitude, um poder que preferimos designar de *poder expressivo*, legitimando outros poderes existentes na organização, como o poder remunerativo, o poder normativo e o poder coercitivo. Há, portanto, um poder formidável nas organizações capaz de alterar as rotinas e o clima ambiental.

Ou seja, se o poder é a capacidade de uma pessoa influenciar outra para que esta aceite as razões da primeira, isso ocorre, inicialmente, por força da argumentação. A relação de poder estabelece-se em decorrência do ato comunicativo. O poder da comunicação apresenta-se ainda no carisma, esse brilho extraordinário que os líderes exprimem e se faz presente na eficácia (resultados) e na eficiência (meios) do discurso, na maneira de falar, na gesticulação, na apresentação pessoal. O carismático possui imensa capacidade para integrar e harmonizar os discursos *semântico* e *estético*. E, ainda, detém a condição de animar os ambientes, atrair a atenção e a simpatia de ouvintes e interlocutores.

É oportuno lembrar que as normas, o processo de recompensas e os sistemas de coerção existentes nas organizações, para se legitimar, passam, antes, por processos de codificação e decodificação, recebem tratamento ao nível do código linguístico, assumindo, ao final, a forma de um discurso que pode gerar maior ou menor aceitação pelos empregados. A comunicação, como processo e técnica, fundamenta-se nos conteúdos de diversas disciplinas do conhecimento humano, intermedia o discurso organizacional, ajusta interesses, controla os participantes internos e externos, promove, enfim, maior aceitabilidade da ideologia empresarial. Como *poder expressivo*, exerce uma *função-meio* perante outras *funções-fim* da organização. Nesse sentido, chega a contribuir para a maior produtividade, corroborando e reforçando a economia organizacional.

Componentes do poder expressivo

O poder expressivo das organizações viabiliza o processo burocrático, adicionando elementos expressivos e emotivos e inferências às rígidas posturas hierárquicas e tornando o ato de administrar não apenas uma relação mecânica entre posições do organograma, mas uma relação social positiva dentro da visão de que o trabalho é um bem dignificante e a economia e a administração não são ciências exatas, mas, sobremodo, humanas, temas, aliás, que estão na ordem do dia das atuais questões políticas e econômicas do Brasil.

Em outros termos, nas organizações, a comunicação é usada de diversas formas. Desenvolve-se, de um lado, um conjunto de comunicações técnicas, instrumentais, burocráticas e normativas. Em paralelo, ocorrem situações de comunicação expressiva, centrada nas capacidades e habilidades, nos comportamentos e nas posturas das fontes. A comunicação expressiva humaniza, suaviza, coopta, agrada, diverte, converte, impacta, sensibiliza. Quando o teor das comunicações instrumentais é muito denso, as organizações transformam-se em ambientes ásperos e áridos. De outra forma, quando as comunicações expressivas se expandem nos fluxos da informalidade, as organizações dão vazão a climas alegres, cordiais, solidários, humanizados. A comunidade torna-se mais descontraída e solícita.

Essa comunicação expressiva é a alavanca de mobilização interna, voltada que está para as operações e atividades rotineiras, bem como para a animação dos ambientes internos. A comunicação transforma-se em vitamina *homeostática*, promovendo o equilíbrio interno. O engajamento, a concordância e os níveis de motivação dependem desse sistema. Os fluxos de comunicação descendente e ascendente funcionam como veias abertas que fazem o sangue correr para os lados, para cima e para baixo. Se uma veia estiver entupida, o organismo morre. A comunicação é o sistema de desentupimento das veias.

A imagem é útil para que sejam caracterizados e administrados os gargalos do sistema organizacional. Há uma tendência, nas organizações, de reter informação nos níveis intermediários, ou seja, os chefes, no âmbito da gerência, não gostam de passar informações para os subordinados, pois estariam compartilhando poder com eles. Prendem "a bola no meio do campo". E, assim, estrangulam processos. Um sistema de comunicação aberto funcionará como aríete para romper as dobraduras, os estrangulamentos.

Não se pode esquecer, ainda, de que o poder também é exercido pelo boato, pelos rumores. Os boatos aparecem como forma de atemorização e ameaça. Correndo pela rede informal, podem desestabilizar climas internos e extrapolar para os limites externos, sensibilizando a opinião pública. É preciso identificar de que ponto o boato parte e quem são seus beneficiários. Eis a razão pela qual é importante identificar o poder dos feudos. Na maioria das grandes companhias, desenvolve-se uma tendência para a criação de compartimentos fechados. Pessoas enclausuram-se em pequenos grupos, defendendo privilégios. Os feudos são como tumores que precisam ser lancetados, sob pena de deixar o tecido contaminado, doente, amortecido.

Destaca-se, ainda, a força do poder do líder *informal*, a pessoa que não detém cargos formais, não carrega o poder da estrutura, da hierarquia. Com ela muitos vão se aconselhar. Essa pessoa precisa ser valorizada porque seu poder tem condições de melhorar os climas e equilibrar os ambientes, tornando-os mais saudáveis e agradáveis. O engajamento profissional tem muito a dever à capacidade de convencimento e persuasão dos líderes informais. Esses foram alguns dos vetores de força analisados.

Quanto ao fluxo externo, cabe alinhar, mais uma vez, a possibilidade da comunicação, utilizando-se de seus processos e suas técnicas, ajustando os filões de segmentos de mercado, criando e mantendo uma identidade, ampliando o esforço mercadológico, melhorando as vendas e aperfeiçoando os contatos com públicos diferenciados.

São essas posições que consideramos importantes quando pretendemos estabelecer uma aproximação entre a empresa e o seu sistema de comunicação. Para concluir, resta lembrar um princípio que sintetiza a ideia-chave dessa primeira reflexão: "Os bons administradores são aqueles que conseguem produzir significações, tanto quanto dinheiro". As significações são o amálgama da comunicação.

2. COMUNICAÇÃO DE MASSA E COMUNICAÇÃO ORGANIZACIONAL

A MASSA, SEGUNDO CANETTI

INICIALMENTE, CABE REFLETIR SOBRE o conceito de massa e suas características, eis que o tom maior deste capítulo tenta descrever o fenômeno da comunicação de massa. Nesse sentido, antes de abordarmos a ótica da comunicação massiva, vejamos alguns tópicos relativos ao conceito de massa, segundo descreve Elias Canetti em seu clássico manual *Massa e poder* (1983), obra indispensável aos estudiosos das sociedades. Canetti identifica duas formas de massa: a massa aberta e a massa fechada, sendo a primeira capaz de surgir de maneira repentina, saindo de cinco, dez, 20 pessoas para um aglomerado gigantesco. Essa modalidade mostra a característica da espontaneidade, eis que pode emergir aqui e acolá, ocupando todas as partes e todas as direções, ao contrário da massa fechada, circunscrita a um espaço específico, com acesso limitado a ele, ganhando, porém, estabilidade e sacrificando a possibilidade de crescimento e, ainda, protegendo-se de pressões hostis e perigosas.

A massa desenvolve um fenômeno que lhe é peculiar, a descarga, momento em que os que a integram se despojam de suas diferenças, irmanando-se na igualdade. Vejam-se os movimentos de rua, quando a turba, integrada por pessoas de diferentes origens e padrões culturais, identifica-se na igualdade dos gritos, dos apupos, das palavras de ordem e até nas arruaças. Nesse momento, a imagem que se tem dela é a do estouro da boiada, dos movimentos e comportamentos extravasando seus limites. A descarga é inebriante, acalma, funcionando como sopa catártica, mesmo sentindo que, momentos após, se desintegrará, cada participante recolhendo-se ao interior de seus lares e suas famílias.

A massa tem algumas propriedades, a saber: quer sempre crescer, tendo sempre a capacidade de ultrapassar limites impostos; em seu interior, reina a igualdade, pela qual os participantes se irmanam no espírito solidário; a massa aprecia a densidade, cujo sinal maior é a descarga, o momento da fruição catártica; e, por fim, necessita de uma direção, movimentando-se em direção a um lugar, na esteira da tentativa de cumprir sua meta. Tem ritmo, pode ser compactada e apropria-se de uma infinidade de símbolos.

O repertório é longo, mas essa breve leitura pode ajudar a desenhar o pano de fundo sobre o qual se desenvolve a comunicação de massa, nos termos de autores que estudaram o fenômeno.

A COMUNICAÇÃO DE MASSA

Convencionou-se chamar os jornais, o rádio, a televisão e o cinema de "meios de comunicação de massa". Esses instrumentos de comunicação foram assim categorizados por atenderem às características que a maioria dos autores sobre Comunicação entende pelo termo "massa" em relação à abrangência de público. Com tecnologia analógica, hoje eles concorrem com os veículos digitais de mídia, vinculados principalmente à transmissão de dados via TCP IP (protocolo da internet).

Mesmo dentro dessa nova realidade, é preciso entender o que significa a abrangência de "massa". A orientação não é unânime. Há quem não considere o público dos jornais, do rádio, da televisão e do cinema uma "massa", no sentido sociológico do termo (na Parte II desta obra introduzimos textos que abordam a questão do público conectado em rede). Se assim for, pode-se falar menos ainda de "massa" em relação ao público da comunicação organizacional.

Talvez o autor que mais tenha defendido a tese de que a audiência dos chamados "meios de comunicação de massa" não se constitui realmente em "massa" seja o norte-americano Eliot Freidson. Para desenvolver seu argumento, Freidson toma como padrão a definição de massa dada por Blumer (1971) e bastante aceita nos meios da Sociologia:

2. COMUNICAÇÃO DE MASSA E COMUNICAÇÃO ORGANIZACIONAL

A massa é destituída das características de uma sociedade ou de uma comunidade. Não possui organização social, costumes, tradição, um corpo estabelecido de regras ou rituais, um conjunto organizado de sentimentos, nem qualquer estrutura de *status*-papéis ou liderança institucionalizadas. Na verdade, é constituída por um agregado de indivíduos que se encontram separados, desligados e anônimos e, mesmo assim, formando um grupo homogêneo em termos de comportamento de massa que, justamente por não resultar de regras ou expectativas preestabelecidas, é espontâneo, inato e elementar.

Evidentemente, caso se leve em consideração essa definição de Blumer, o público de um jornal de empresa ou de entidade de classe jamais poderia ser considerado massa. Embora numa grande indústria muitas pessoas permaneçam anônimas entre si, apesar de trabalharem juntas, podendo inclusive estar espacialmente separadas umas das outras, a estrutura empresarial não se encaixa nos quesitos exigidos por Blumer para caracterizar a massa, pois os papéis de cada uma são muito bem definidos numa empresa. A liderança é institucionalizada, há um corpo estabelecido de regras sendo obedecido e, em geral, os participantes de uma empresa não estão desligados uns dos outros.

Na verdade, talvez nem mesmo a audiência dos jornais, do rádio e da TV possa ser classificada como "massa", caso se queira preencher todos os quesitos exigidos pela definição de Blumer. Esse é o argumento de Freidson (1971), pois para ele o indivíduo que recebe a mensagem de um veículo de comunicação de massa experimenta aquele conteúdo recebido junto a um grupo social que não é heterogêneo, que não é composto de pessoas anônimas entre si, que está organizado socialmente, e cujos membros interagem com constância.

Por exemplo, uma pessoa geralmente assiste à televisão com a família, que é um grupo social homogêneo, cujos membros interagem e se influenciam reciprocamente, obviamente não são anônimos entre si e têm papéis definidos, além de uma série de tradições, rituais e normas. Mesmo que a pessoa assista à TV sozinha, ela irá comentar o programa ao qual assistiu no dia seguinte com seus companheiros de trabalho ou de clube, com seus vizinhos, ou com os membros de seu partido político, enfim, com qualquer grupo social que não atende às características de massa conforme exigidas pela definição de Blumer.

Se tudo isso é verdade para o público em geral, é muito mais verdade para o público da comunicação organizacional. Geralmente, o conteúdo das comunicações empresariais não atinge indivíduos isolados, mas grupos, que podem ser constituídos por todos os membros da empresa ou por setores (departamentos, seções ou grupos espontaneamente formados nesses departamentos ou seções).

De fato, se o conceito de Blumer for levado com rigidez, muito poucos serão os exemplos a ser citados como caracterização de "massa". O próprio autor cita um: os tempos das corridas de ouro, quando se juntam pessoas das mais diversas origens (formando, portanto, um grupo heterogêneo), que não se conhecem, que não têm nenhum tipo de tradição comum, cujos papéis não estão definidos institucionalmente, sem lideranças regularmente estabelecidas, sem nenhum sentimento de fidelidade ou lealdade, mas ainda assim possuem um objetivo comum, o que lhes empresta de alguma forma um caráter de homogeneidade.

É claro que não se trata nesse tipo de massa a audiência dos meios de comunicação como jornais, revistas, rádio ou televisão. O conceito de audiência dos meios de comunicação de massa tem mudado substancialmente no decorrer dos anos, apesar de se ter mantido (talvez erroneamente) o termo "meios de comunicação de massa".

São raríssimos os autores que ainda encaram a audiência de jornais, revistas, rádio, televisão ou cinema como coleções passivas de indivíduos que pouco interagem entre si, como requer a definição de massa formulada por Blumer. O conceito de que o conteúdo das mensagens transmitidas pelos meios de comunicação de massa é "filtrado" pelos grupos sociais a que estão filiadas quase todas as pessoas está quase universalmente aceito (aliás, o axioma ganha inestimável reforço pela dinâmica que os indivíduos mantêm hoje nas redes sociais digitais, interagindo entre si e opinando em tempo real sobre a notícia ou o conteúdo veiculado pelos grupos de mídia).

FEEDBACK RETARDADO E SIMULTÂNEO

A princípio, influenciados pela magnitude em tamanho das audiências dos instrumentos de comunicação de massa, os autores imaginaram que os efeitos das mensagens poderiam provocar reações similares aos comportamentos de massa, no sentido sociológico do termo. Mas, aos poucos, chegou-se à conclusão de que a audiência deve ser vista como uma entidade ativa *que procura aquilo que quer, que rejeita, assim como aceita, ideias formuladas pelos meios de comunicação, que interage com os membros de seus grupos sociais e testa a mensagem transmitida pelos meios*, falando sobre elas com outras pessoas e comparando o conteúdo de um meio com o de outros.

Ainda é grande, contudo, o número de pessoas que acreditam nos meios de comunicação de massa como instrumentos todo-poderosos e, por isso, tendem a superestimar a sua capacidade de atuação. E isso acontece também na área da comunicação empresarial. É importante que aqueles que são responsáveis por um jornal ou uma revista de empresa não se esqueçam de que a audiência do seu veículo não é passiva e não vai aceitar tudo que for transmitido por seu intermédio, notadamente com as possibilidades tecnológicas de que ela dispõe hoje para interagir e expressar seu ponto de vista.

Principalmente numa empresa, os temas veiculados pelo jornal ou pela revista interna tendem a ser discutidos pelos membros dos diversos grupos que integram a organização. E dessa troca de ideias vai nascer a opinião da maioria dos indivíduos. Como será visto posteriormente, a opinião dos grupos é bastante importante na formação da opinião de cada indivíduo.

Contudo, não se pode falar em termos de regras fixas. A audiência não é "ativa" ou "passiva". O que existe, segundo Schramm (*apud* Freidson, 1971), é um contínuo, indo do mais ativo para o menos ativo, de acordo com cada caso. Não é ousado afirmar que, de modo geral, as audiências dos jornais e das revistas de empresa vão ser colocadas do lado mais ativo da escala, já que, normalmente, elas já estão constituídas em grupos sociais que obrigam seus integrantes a interagir bastante entre si.

No entanto, é preciso que não se esqueça também de que a leitura de um jornal está entre as atividades menos presentes dentro das diversas possibilidades de comunicação (de massa ou interpessoal), já que a possibilidade de um retorno imediato à fonte das impressões ainda é bastante precária, mesmo que os veículos impressos abram espaços em seus blogues nas redes sociais para interação com os leitores. O termo "precário", aqui usado, ganha dimensão, principalmente, quando se compara o *feedback* da mídia impressa com as possibilidades de retorno da comunicação interpessoal.

Mas a possibilidade de responder ao que se leu não se resume àquilo que pode ser dito durante ou logo após a leitura. Se os leitores de um jornal não concordam com os pontos de vista expressos naquele veículo, eles podem simplesmente deixar de lê-lo, responder de forma dura aos textos com os quais não concordam ou mesmo fazer chegar ao *ombudsman* ou aos editores os motivos de sua indignação. No caso do jornalismo empresarial, a resposta pode vir em termos de desinteresse da audiência pelo veículo, de comentários pouco elogiosos trocados entre os funcionários a respeito do veículo, ou do simples abandono do hábito de leitura. Reconhece-se, porém, a qualidade jornalística dos veículos empresariais nos últimos tempos.

Além disso, a audiência pode ser extremamente ativa, como o é hoje em dia, sem demonstrar exteriormente essa atividade. Assim, por exemplo, existe todo um processo mental de *seleção*, *rejeição*, *aceitação* e *interpretação* da informação, que é uma atividade desempenhada por cada membro da audiência. Se a matéria não está bem apresentada num jornal de empresa, por exemplo, ela provavelmente não será selecionada pelo leitor, isto é, ele não vai se interessar em ler a matéria, ou porque a diagramação lhe deu a impressão de ser um texto cansativo, ou porque o título não chamou sua atenção, ou porque o título lhe deu a impressão de se tratar de um assunto que não lhe diz respeito. Por outro lado, uma boa foto, uma boa diagramação ou um título adequado pode levar o leitor a selecionar aquela mesma matéria. Isso é um processo de seleção, que envolve atividade por parte da audiência.

Depois da seleção, a informação vai ter de ser interpretada pelo leitor, que poderá aceitá-la ou rejeitá-la, de acordo com suas opiniões (as quais são bastante influenciadas pelos grupos sociais a que pertence), com seu entendimento (um artigo escrito com vocabulário acima da compreensão do leitor não será por ele entendido, o que levará provavelmente à sua rejeição) e com a qualidade do estilo sob o qual a matéria foi escrita.

Mesmo depois de a matéria ter sido selecionada e aceita, ainda podem ocorrer distorções na interpretação do leitor, dependendo da clareza com que o texto foi redigido, da exatidão das informações expressas na matéria e dos preconceitos mantidos por cada leitor. Portanto, a audiência pode ser mais ou menos ativa, mas nunca será totalmente passiva, como pretendiam os autores mais remotos da ciência da comunicação, que imaginaram estar lidando com audiências caracteristicamente de massa, conforme as definições sociológicas do termo.

Seria, então, incorreto classificar o público de um jornal ou revista de empresa como "de massa"? Provavelmente, não. Primeiro porque a designação "meio de comunicação de massa" para jornal e revista já está definitivamente consagrada, embora possa não estar absolutamente correta sob o ponto de vista sociológico. Além disso, a interpretação sociológica de Blumer para o termo "massa" não é a única que existe, nem precisa necessariamente ser a única correta.

Assim, por exemplo, o próprio Freidson aceita a concepção de massa para as audiências de rádio, televisão, jornais, revistas e cinema, mas desde que se tenha como perspectiva não os indivíduos, mas sim os grupos sociais. Por exemplo, um grupo social (a família Matos) pode ser anônimo para outro grupo social (a família Moreira). Os dois grupos sociais podem estar igualmente separados espacialmente, não ter nenhuma possibilidade de interação, não possuir tradições ou regras comuns e não exercer papéis institucionalmente estabelecidos em relação ao outro. Assim, poder-se-ia falar em relacionamento de massa intergrupal, em vez de interindividual. O mesmo raciocínio pode ser perfeitamente enquadrado numa estrutura empresarial na qual muito frequentemente os membros de um departamento não conhecem mais ninguém, nem interagem com mais ninguém, além dos membros de seu próprio departamento.

Charles Wright, ao falar em meios de comunicação de massa, afirma que suas mensagens são dirigidas para uma audiência *relativamente* grande, heterogênea e anônima. E o advérbio "relativamente" vem a ter grande importância, pois atenua o absolutismo da definição de Blumer e permite perfeitamente o enquadramento de todas as audiências de rádio, televisão, jornais e revistas (inclusive as empresariais) no conceito de massa, agora redefinido. Essas características são, porém, passíveis de reconsideração diante dos avanços da comunicação eletrônica. Os seguidores das redes, via de regra, têm nome e sobrenome, a par de uma identificação sobre seu *status* social-cultural. Nesse caso, não se pode falar de anonimato nos termos de Wright, apesar da constatação de que o *feedback* não se dá presencialmente, olho no olho, mas por intermédio de um meio indireto.

Assim, ele pretende, ao classificar alguns meios de comunicação como de massa, apenas diferenciá-los daqueles que são utilizados para a veiculação de mensagens endereçadas a indivíduos específicos. Ao falar em audiência "relativamente anônima", ele pretende dizer que os membros dessa audiência permanecem desconhecidos do comunicador; ao falar em "heterogênea", ele quer dizer que os membros da audiência têm origens diversas, sob o ponto de vista de padrões demográficos (idade, sexo, origem geográfica, nível de escolaridade, padrão econômico etc.); e, ao falar em "grande", ele tenta delimitar o adjetivo definindo como grande uma quantidade de pessoas sobre as quais o comunicador não pode atuar mútua e diretamente.

VEÍCULOS DA COMUNICAÇÃO ORGANIZACIONAL

Com esse novo conceito, percebe-se que as publicações de empresa são perfeitamente enquadráveis na designação "meios de comunicação de massa" nas definições consagradas por Charles Wright, e suas audiências podem também ser classificadas como "de massa". Afinal, via de regra, um jornal ou uma revista de empresa possui públicos relativamente grandes, heterogêneos e anônimos, abarcando esse termo a massa de leitores que os jornais e as revistas não conhecem (nomes, endereços, profissões etc.).

Deve-se continuar lembrando, no entanto, que a exposição à comunicação de massa ocorre dentro de pequenos grupos sociais, e mesmo quando fisicamente isolado o membro da audiência está, é claro, ligado a um número de agrupamentos sociais (primários e secundários) que podem modificar sua reação à mensagem. O que caracteriza o *meio como de massa, no entanto, é o fato de que, sob o ponto de vista do comunicador, a mensagem é endereçada a quem interessar possa*. E esse "a quem interessar possa" pode ser colocado em qualquer tipo de comunidade, seja ela uma nação (no caso das emissões nacionais de TV ou rádio), uma cidade (no caso dos jornais diários) ou uma organização (no caso de uma publicação empresarial).

É importante não se esquecer de que o chamado "modelo de agulha hipodérmica", de Katz e Lazarsfeld, que era exatamente o que se aplicava à noção de que a audiência dos meios de comunicação de massa era realmente "massa" no sentido que Blumer dá ao termo, já não pode ser levado em consideração. O modelo da "agulha hipodérmica" (a mensagem seria "aplicada" pelos meios, que seriam a agulha, diretamente sobre cada componente da massa) ficou absolutamente superado pelas pesquisas posteriores que demonstraram a importância dos *processos de seleção, rejeição, aceitação* e *interpretação* e dos grupos sociais. A não ser que o indivíduo seja absolutamente anônimo no seu ambiente social (o que provavelmente só ocorre em casos patológicos), ele sempre sofrerá a influência de algum grupo.

MECANISMOS DE IMPACTO DAS MENSAGENS

Outros modelos mais recentes a respeito da audiência da comunicação de massa, que talvez possam ser de utilidade para os estudiosos da comunicação organizacional, são o do "fluxo em duas etapas" e o da "exposição seletiva".

A primeira dessas teorias, a do "fluxo em duas etapas" (*two-step flow*, em inglês), foi formulada por Paul Lazarsfeld, Bernard Berelson e Hazel Gaudet, em 1948. Ela foi formulada após os três autores realizarem um dos mais célebres estudos a respeito da influência dos meios de comunicação de massa sobre o processo político durante a campanha presidencial norte-americana do ano de 1940, utilizando como amostragem a cidade de Erie, no estado de Ohio.

De acordo com a teoria, a mensagem transmitida pelos meios de comunicação de massa não chegaria diretamente ao indivíduo, mas sim por intermédio de um "líder de opinião". Ou seja: o conteúdo da mensagem transmitida pelo jornal, pelo rádio ou pela TV só teria alguma influência sobre o indivíduo após este consultar o seu líder de opinião a respeito do assunto.

Assim, o objetivo principal dos meios de comunicação de massa deveria ser o de influenciar primeiramente tais líderes de opinião para que estes pudessem exercer sua influência sobre a audiência de modo geral. Os líderes de opinião identificados pelos estudos de Lazarsfeld e por outros que o seguiram não precisam necessariamente ser (e geralmente não o são) os líderes formais da comunidade. Numa empresa, por exemplo, os líderes não são necessariamente os chefes, capatazes ou encarregados de setor, mas sim aquelas pessoas que, por qualquer motivo, desfrutam de certa ascendência sobre os demais. Os líderes de opinião também não são necessariamente os mesmos para qualquer tipo de assunto: há pessoas às quais os outros recorrem apenas quando o assunto é futebol; quando o assunto é segurança no trabalho, eles recorrerão a outro líder de opinião e talvez a outro, quando o problema em discussão referir-se a reajustes salariais.

DESAFIOS AO PROFISSIONAL DA COMUNICAÇÃO

Portanto, uma das tarefas principais para quem quiser se utilizar da fórmula do "fluxo em duas etapas" consiste na identificação dos líderes de opinião, o que é difícil e deve ser feito à custa de muita observação do comportamento dos grupos que se pretende atingir. O processo foi potencializado pelo fenômeno das redes sociais digitais, em que canais como o Twitter ou Facebook apresentam "líderes" seguidos em tempo real por milhares ou até milhões de usuários.

A teoria do "fluxo em duas etapas" foi muito combatida por autores mais modernos. Contudo, a atual visão da audiência dos meios de comunicação de massa permite que se admita a existência múltipla e paralela de diversos modelos, que anteriormente eram considerados exclusivos uns aos outros. Assim, acredita-se que a audiência dos meios de comunicação de massa possa ser atingida tanto pelos líderes de opinião como pelas pressões dos grupos sociais, ou por seu próprio ponto de vista. Portanto, não se exclui uma teoria quando se aceita outra. O fluxo pode-se dar em diversas etapas, uma, duas ou mais. Portanto, a identificação dos líderes de opinião numa empresa pode ser uma importante tática para o êxito das mensagens de uma publicação empresarial com a sua audiência, assim como o preparo de material visando atingir especialmente tais líderes de opinião.

2. COMUNICAÇÃO DE MASSA E COMUNICAÇÃO ORGANIZACIONAL

O outro modelo referido anteriormente, o da "exposição seletiva", é baseado na conhecida teoria da "dissonância cognitiva", talvez pela primeira vez formulada por Festinger, em 1957. Segundo ela, as pessoas tendem a sempre evitar, de algum modo, a existência de incoerências em sua estrutura de pensamento. Tais incoerências têm, de qualquer forma, de ser eliminadas e, para tanto, cada indivíduo tende a operar uma série de mecanismos interiores a fim de recobrar alguma coerência, cada vez que ela é quebrada. Assim, por exemplo, João acredita firmemente que Paulo é um homem honesto. Se Pedro conta a João que Paulo é desonesto, João terá de alguma forma de restabelecer a coerência. Para isso, poderá modificar o seu conceito anterior de Paulo, não dar crédito à informação prestada por João ou distorcê-la. Dentro do problema da comunicação de massa, a teoria de Festinger tomou o seguinte aspecto: as pessoas tendem a selecionar as informações de acordo com suas opiniões e pontos de vista anteriores, com o objetivo de evitar a dissonância cognitiva. Durante muito tempo essa tese foi aceita absolutamente sem restrições pelos mais diversos autores, entre os quais o famoso Joseph Klapper. Mas, aos poucos, começou-se a perceber que a seleção que a audiência realiza não é baseada exclusivamente na busca de informações que reforcem seus pontos de vista iniciais, suas opiniões e experiências. Há outros fatores, talvez até mais importantes, em jogo, como o interesse dos assuntos para a vida individual de cada membro da audiência. Por exemplo, um artigo sobre prevenção de acidentes que recomende o uso de capacete numa indústria pode ir contra a opinião de um operário, que acha o objeto dispensável. Mas é provável que ele o leia, pois o assunto é de grande interesse para a sua vida pessoal.

Há outros autores, como Sears e Freedman (*apud* Freidson, 1971), para quem a teoria da dissonância cognitiva opera em outro nível, não da seleção. Para eles, depois de terem analisado todos os trabalhos publicados a respeito do assunto até 1967, não há evidência suficiente que permita assegurar que a audiência seleciona sua informação apenas de acordo com seus pontos de vista anteriores, com o objetivo de evitar ou reparar a dissonância cognitiva. Existe, é verdade, o objetivo de evitá-la ou repará-la, mas ele é operado ao nível de avaliação ou interpretação da informação e não no momento de sua seleção para o consumo ou não. Assim, ainda a respeito da matéria sobre segurança e o uso de capacete, o operário iria lê-la. Se ela criasse dissonância cognitiva, ele tentaria repará-la por meio da avaliação que iria dar à matéria ("Isso é tudo bobagem, eu vou continuar trabalhando sem capacete" ou "Realmente, eles têm razão, acho que vou começar a usar o capacete") ou à sua interpretação.

De qualquer modo, a importância da teoria da dissonância cognitiva não pode ser negada. Assim, para os jornalistas, os publicitários, os profissionais de RP, parece ser um bom conselho ficarem atentos às opiniões e aos pontos de vista sustentados pelo seu público a respeito de assuntos importantes a ser tratados por meio de seus programas de comunicação, a fim de que sua efetividade possa ser a maior possível. Para saber sobre essas opiniões e esses pontos de vista, o melhor instrumento indicativo parece ser o da pesquisa de opinião.

O QUE INFORMAR

Como se viu, o processo de seleção existe. O público seleciona o que vai consumir em termos de informação, buscando o que lhe parece mais útil para sua vida pessoal, o que vai de encontro aos seus pontos de vista e interesses, o que lhe parece relaxante ou divertido. Enfim, a audiência seleciona a informação que lhe parece mais conveniente para cada situação.

Os meios de comunicação de massa podem facilitar esse processo de seleção, fornecendo ao público as pistas que ele espera encontrar para ter sua tarefa seletiva menos dificultada. A audiência busca por pistas que lhe chamem a atenção de que existe no veículo de comunicação alguma coisa que mereça uma olhada mais cuidadosa, conforme demonstra Percy Tannembaum, entre outros autores (*apud* Freidson, 1971).

Essas pistas podem ser a manchete ou o título de cada matéria, uma foto, uma legenda, uma ilustração, o uso de cor, um "selo" que identifica determinada seção, alguma palavra-chave, um desenho. Podem ser, portanto, diversos os tipos de "pistas" fornecidas pelos meios de comunicação de massa (e aqui foram citados apenas os que são utilizados pelos meios de comunicação impressa).

No entanto, o importante a ser lembrado é que, qualquer que seja a pista, ela só vai ser eficiente se tiver algum significado para o receptor. O ponto crucial no processo de seleção do conteúdo dos meios de comunicação de massa é o receptor e não a fonte. Se o leitor desconhece o significado da sigla Cipa, por exemplo, de nada adiantará à comunicação interna de uma empresa utilizar-se dessa palavra como pista para o leitor, visando chamar a sua atenção sobre a matéria que, provavelmente, tratará de problemas relativos à prevenção de acidentes. É preciso que os editores de comunicação empresarial estejam certos de que o leitor irá entender a sua pista. Para que isso ocorra, é mais uma vez aconselhável ter o maior conhecimento possível sobre o seu público, para que a utilização de todos os recursos da comunicação empresarial possa ser a mais eficiente possível.

Falou-se neste capítulo a respeito da importância dos grupos primários e secundários sobre os membros da audiência dos meios de comunicação de massa. Por grupos primários, entendem-se aqueles em que a influência recíproca exercida pelos seus elementos se dá por meio do contato pessoal. São grupos primários, por exemplo, a família, os companheiros de sala de aula, os companheiros de seção no trabalho, os membros de pequenos grupos nos clubes, enfim, os grupos em que os contatos são pessoais e, muitas vezes, íntimos. Os grupos secundários são aqueles em que o relacionamento não é tão constante, afetivo e pessoal, como ocorre nos grupos primários. São, por exemplo, os partidos políticos, as torcidas de futebol, as associações profissionais, entre outras. Evidentemente, essa conceituação, e em especial os exemplos citados, não é rígida. Dependendo de cada pessoa, os grupos primários podem ser diferentes. Por exemplo, uma pessoa que se relacione pessimamente com seus companheiros de trabalho, quase não falando com eles, e se relacione muito bem com seus companheiros de torcida futebolística, com os quais se encontra diariamente, terá nestes, e não naqueles, o seu grupo primário.

É razoável admitir que os meios de comunicação de massa ajudam a manter unidos os grupos sociais a que pertencem os indivíduos, como afirma, por exemplo, Breed (1971, p. 215-29):

Os meios de comunicação de massa servem a certos propósitos societários e culturais, levando as pessoas a relações de comunidade e ajudando na sua socialização no sentido de formas aprovadas de comportamento ... (eles) têm servido a este fim, através da glorificação dos temas culturais básicos, numa apresentação positiva dos ideais grupais.

Assim, os meios de comunicação de massa, ao mesmo tempo que ajudam a manter os grupos unidos, utilizam-se deles para fazer que sua mensagem seja mais bem absorvida pelos membros individuais da sua audiência. A influência dos grupos para a conformidade da opinião dos indivíduos (especialmente quando recém-chegados) está bem demonstrada por meio de inúmeros estudos realizados no decorrer dos anos, muitos dos quais citados por Lane e Sears (1966).

Como as características do grupo (dimensão, frequência de contato, tempo, participação em decisões, centralismo grupal, coesão, relevância do assunto, normas grupais, homogeneidade, ambiguidade da questão, posição externa, existência de grupos alternativos, sentimento de aceitação por parte de cada membro, necessidade de filiação da parte de cada membro, finalidades grupais e individuais, instrumentalidade, questões de personalidade) influenciam decisivamente na importância da atuação do grupo sobre o indivíduo membro da audiência, também seria conveniente aos envolvidos com os programas de comunicação empresarial ter conhecimento das principais características dos principais grupos (formais e informais, de preferência) existentes na organização, a fim de que o seu instrumento de comunicação possa se utilizar da melhor maneira possível dos grupos existentes e de sua ação sobre elementos de sua audiência.

INFLUÊNCIAS EXTERNAS

Outro ponto que não deve jamais ser esquecido ou relegado a segundo plano pela moderna comunicação empresarial é o fato de que cada elemento do público é parte do público maior, o público municipal, estadual, nacional e, agora, global.

É preciso conceber o leitor como uma pessoa que também tem uma vida fora da organização. Seus interesses, portanto, não se restringem ao universo da empresa em que trabalha, nem seus grupos sociais são exclusivamente aqueles de que dispõe na organização.

Toda atividade da audiência em relação à comunicação será exercida não apenas na comunidade empresarial, mas também fora dela. Assim, o conteúdo de um material publicado pelo jornal ou pela revista de empresa será comparado pelo leitor com o de outros jornais e revistas não empresariais, assim como sua forma e maneira de apresentar os fatos.

Todos os aspectos até aqui discutidos devem ser considerados pelos responsáveis pela comunicação empresarial também sob a perspectiva de que o seu leitor é membro de um público maior: as "pistas" para o processo de seleção com as quais o leitor já está acostumado e que têm um significado para ele serão provavelmente as pistas utilizadas por outros veículos; os grupos sociais extraempresa vão exercer influência sobre o leitor, assim como os internos; os assuntos de interesse do leitor não se restringem aos que dizem respeito à empresa; o jornal ou a revista, os programas de relações públicas provavelmente serão lidos e discutidos com membros dos grupos sociais externos, aos quais a comunicação deveria tentar também interessar; haverá líderes de opinião fora da empresa, assim como os há dentro. Enfim, todos os conceitos devem ser revistos sob a perspectiva de que o público da comunicação organizacional faz parte também de um público maior.

Qual a utilidade dessa perspectiva? Em primeiro lugar, fornecerá às estruturas de comunicação a possibilidade de uma avaliação mais realista das chances de êxito dos seus programas sobre os públicos a que se destinam. Consciente de que as influências da audiência são também grandes (por vezes até maiores) fora do universo empresarial, a empresa não irá esperar demais da eficácia de seu veículo, evitando-se frustrações ou expectativas acima do devido.

Em segundo lugar, sabendo do poder de cada variável na formulação total do processo de consumo da informação por parte de sua audiência, os comunicadores empresariais podem redobrar seus esforços no sentido de conhecer ao máximo a sua audiência, com o objetivo de utilizar-se de cada variável da forma mais eficiente.

Um profissional de comunicação que possa dispor de informações a respeito de todos os grupos sociais a que está ligada a sua audiência, a respeito da importância relativa de cada grupo, a respeito dos líderes de opinião para cada assunto e sua importância relativa, a respeito dos outros meios de comunicação que atingem seu público, a respeito dos interesses de sua audiência poderá elaborar um programa muito mais eficiente do que outro que não saiba absolutamente nada em relação à audiência para a qual se dirige.

Em suma, o segredo principal para que se tenha uma comunicação empresarial eficiente talvez resida no conhecimento que o profissional tenha da sua audiência e das maneiras como a mensagem veiculada é filtrada até a sua audiência.

Finalmente, é preciso recordar-se de que, de acordo com as características de cada programa de comunicação, diferentes serão os seus objetivos, assim como seus públicos. Portanto, um jornal, uma revista, uma promoção, um folheto e uma carta econômica terão como público diferenciado a audiência. Nesse caso, os públicos serão além dos funcionários, os acionistas, os consumidores, a comunidade, as associações de classe e profissionais, os distribuidores, os representantes, os revendedores, os fornecedores, o governo, a imprensa e todos os demais públicos das relações públicas. Para cada uma dessas audiências, as considerações desenvolvidas devem ser levadas em conta a fim de compreender como se dá o processo dos efeitos da comunicação de massa sobre a massa.

3. EFICIÊNCIA E EFICÁCIA DA COMUNICAÇÃO ORGANIZACIONAL

GERAR CONSENTIMENTO: EIS A meta final da comunicação organizacional. Produzir aceitação, por meio de comunicação expressivo-emocional, deve ser o objetivo dos profissionais que lidam com comunicação nas organizações. É o que se deduz dos resultados até agora obtidos por estudos empíricos. Como, porém, realizar uma comunicação que atinja tão profundamente o corpo social da organização quando o sistema burocrático-normativo, *de per si*, é um obstáculo ao engajamento e à participação dos empregados?

A resposta não é fácil. Em primeiro lugar, há de se observar em que palco, em que empresa a situação deve ser verificada. O tamanho, o grau de complexidade, a pressão no sentido da eficiência e a estrutura de controle de uma organização determinam o nível de otimização de situações de comunicação.

Tentemos mostrar como o processo comunicativo nas empresas pode ser mais eficaz. Entendendo a comunicação como um processo simbólico pelo qual os sentimentos dos empregados dos níveis inferiores para com a organização são reforçados ou modificados, sugerimos direcionar o discurso simbólico da organização a um patamar intermediário, a certo ponto hipotético central, a uma escala média, enfim, a um nível de congruência que aproxime as diferenças entre:

a) as comunicações técnicas, geralmente pouco atrativas;
b) as comunicações cognitivas, intrínsecas aos comportamentos individuais; e

c) as comunicações normativas, orientadas para a transmissão de normas e valores a ser desempenhados nas diversas situações funcionais.

O objetivo deve ser o de aproximar a comunicação ao nível da expressividade maior dos empregados. De um lado, há um tipo de comunicação que é fruto da informação e do conhecimento técnico; de outro, as atitudes, os valores, as normas. A questão é ajustar as duas partes, formando um composto comunicacional que possa ser consumido naturalmente. Ou, para usar o referencial bastante conhecido dos pesquisadores, pode-se conseguir consentimento, usando-se uma comunicação "consumatória", agradável.

Outra hipótese para melhorar o desempenho da comunicação está centrada nos chamados fluxos de comunicação. Como se sabe, uma organização possui três fluxos, que se movem em duas direções: o fluxo descendente, o fluxo ascendente e o fluxo lateral, sendo os dois primeiros na direção vertical e o último correndo horizontalmente. O volume de comunicação, o tipo de comunicação e a direção da comunicação constituem o centro de processamento da eficiência organizacional. Por exemplo, muita informação (quantidade), instrumental-técnico (tipo), descendo para os níveis inferiores (direção descendente), sem muito retorno (direção ascendente), gera distorções e frequentemente cria problemas de engajamento.

Dentro dessa perspectiva, coloca-se a necessidade de os empregados se engajarem no processo de tomada de decisões, procurando-se viabilizar alguns mecanismos de consultas. Os programas do tipo *Quality Circle*, utilizados com sucesso pela administração japonesa há mais de 60 anos, inserem-se nessa tentativa de repartir o processo decisório, oferecendo aos patamares inferiores a possibilidade de influir nas decisões fundamentais para o crescimento organizacional.

A outra hipótese para melhorar a comunicação é o treinamento. Como bem lembram March e Simon (1978, p. 70), "quanto mais bem treinada for a pessoa antes de ocupar o cargo, tanto menor será a necessidade de comunicação enquanto está no desempenho da ocupação".

Colocando todas essas hipóteses num cenário, veremos que são as grandes organizações complexas que permitem melhor combinação dos elementos necessários para produzir uma comunicação eficaz, apesar de, sob outro aspecto, serem elas os tipos que oferecem os maiores desafios, exatamente por seu porte e sua complexidade.

RUÍDOS NOS FLUXOS

As empresas enfatizam as comunicações instrumentais verticais como condição *sine qua non* para a produção efetiva. Etzioni identifica uma comunicação instrumental ascendente em volume quase igual à do tipo descendente nas organizações utilitárias por conta da necessidade dos relatórios de desempenho, que relatam ao topo decisório o funcionamento das bases. E aponta certas limitações na chamada comunicação expressiva em organizações utilitárias. A causa: o sentimento calculista dos empregados dos níveis inferiores para com a organização e sua tendência para desenvolver comunicação expressiva independente (horizontal) por meio de contatos interpessoais.

Esse é, a nosso ver, um sério problema das organizações. A grande quantidade de comunicação instrumental, no fluxo descendente, inibe e bloqueia os caudais da comunicação expressiva, que, por falta de vazão para subirem até o topo, correm lateralmente, criando redes informais de comunicação. Essas redes absorvem grandes quantidades de mensagens ambientais (principalmente em momentos de crise), constituindo verdadeiros focos de tensão e alterando os comportamentos normativos.

Para conquistarem os empregados, envolvendo-os no engajamento, as organizações usam basicamente a remuneração. A explicação é que as recompensas de ordem remunerativa são as únicas que podem servir aos objetivos de desempenho sistemático e preciso porque o dinheiro é mensurável com muito maior precisão do que a força, o prestígio ou outro tipo de poder. Mas é preciso considerar que o desempenho eficaz requer certo grau de cooperação voluntária, que não se consegue, por exemplo, com coerção. Os teóricos de administração mostram que a relação dos empregados de níveis inferiores para com as metas principais da organização é muito tênue e indireta; que sua satisfação é quase inexistente; que o trabalhador pouco participa dos frutos; e que as atividades são altamente rotinizadas e espalhadas por longos períodos de tempo, provocando pouco interesse. De onde se deduz que a produção não pode apoiar-se em envolvimentos morais dos participantes dos níveis inferiores e no poder das normas.

Discordamos dessa posição. Consideramos que o poder remunerativo não pode servir de meio exclusivo de controle da organização e cremos, mesmo, que o poder expressivo (a comunicação expressiva, "consumatória"), em determinados momentos, é vital no sentido de encaminhar soluções para as metas da eficácia.

Novamente, a questão é de comunicação. Não havendo motivação, não há envolvimento no processo produtivo. As pesquisas indicam que os problemas de maior relevância para o envolvimento dos participantes estão relacionados à comunicação descendente. Likert (1971), em suas pesquisas para determinar os padrões dos grupos altamente eficientes, mostrou que cerca de quatro em cinco pessoas, indagadas a respeito dos problemas maiores de comunicação, apontaram a comunicação descendente como o problema mais importante; somente uma em dez se prendia à comunicação ascendente, o que denota a falta de interesse acerca desse tipo, caracterizado normalmente pela costumeira "caixa de sugestões" e pela tradicional política de "portas abertas".

Essa política é comumente ineficaz, na medida em que poucos estariam dispostos a transpor as portas para dizer alguma coisa e pouquíssimos para criticar processos ineficientes. A maioria dos subordinados aprendeu que o importante é dizer ao superior apenas aquilo que ele pretende ouvir.

E na comunicação descendente os problemas também afloram, principalmente porque os superiores deixam de precisar aos subordinados quais são suas tarefas e o que se espera deles.

Todo um esforço metodológico para reenquadrar a teoria organizacional em novos padrões faz-se necessário e, nesse contexto, um papel de destaque será conferido à comunicação.

Mas que premissas poderiam ditar os novos comportamentos? Vamos tentar responder a essa questão.

A COMUNICAÇÃO PARA CONSENSO

A comunicação, tanto instrumental quanto "consumatória", visa a uma finalidade: obter certa dose de consenso sobre um sistema de valores. Falhando o consenso, resultam a anomalia e a desintegração. Daí insistirmos na necessidade do uso adequado e sinérgico da comunicação para promoção da ordem e do consenso. À primeira vista, pode parecer que se obtém o consenso pela supressão de elementos disruptivos, disfuncionais, bloqueio de conflitos. Não, não se trata, nesse caso, de imprimir à comunicação organizacional a tarefa de excluir as forças de desagregação, mas, ao contrário, oferecer aos empregados meios para reforçar e trazer à tona seus valores básicos, numa forma de socialização adulta da cultura.

Lembramos, a propósito, uma característica apontada por Breed (1971, p. 128):

> Os *media* servem a certos propósitos societários e culturais, levando as pessoas a relações de comunidade e ajudando na sua socialização no sentido de formas aprovadas de comportamento. Segundo alguns autores, os *media* têm servido a esses fins através da glorificação dos temas culturais básicos, numa apresentação positiva dos ideais grupais.

Apesar de reconhecer que o consenso sociocultural também pode ser conseguido por omissão dos *media*, é a primeira hipótese que defendemos como a mais legítima para as empresas.

Alguns autores, como Thayer, chamam a capacidade dos meios de comunicação de promover consenso de função integrativa. A explicação para esse fenômeno vem da própria necessidade de ajustamento humano. Com mensagens cumulativas e auto-organizadoras, o homem mantém o grau necessário de equilíbrio consigo e com o meio ambiente, estabelecendo uma relação situacional entre o conceito que faz de si com o de outros ou com o mundo.

Algumas condições se tornam previamente necessárias para que a comunicação preencha as funções integrativas. Em primeiro lugar, são necessários os meios pelos quais os empregados possam se identificar e se relacionar mutuamente. Depois, compatibilizar os comportamentos globais da sociedade com os comportamentos do sistema organizacional a fim de poder atenuar os conflitos entre os dois sistemas.

Na área de passagem de informação, o fluxo informativo buscará as práticas e convenções adotadas pelos empregados, evitando-se conteúdos e linguagens dissociados do meio. Deve-se estabelecer efetiva integração entre os fluxos horizontal e vertical, que constituem as principais fontes de manutenção do sistema organizacional, compreendendo-se que, no nível interpessoal, eminentemente horizontais e, no nível estrutural, eminentemente verticais. Mais confiança, autonomia no nível intrapessoal, para que as relações interpessoais possam se efetivar num clima de respeito mútuo e procurar descobrir a natureza e os tipos de canais de comunicação melhores para as ligações com as diversas posições da estrutura: esses são alguns pré-requisitos para o estabelecimento da integração na organização.

O conjunto de medidas acima enquadra-se nos moldes delineados por Likert em suas pesquisas sobre novos padrões de administração. Os contornos desses padrões realçam um princípio que, a nosso ver, justifica a criação de uma estrutura de comunicação sinérgica ampla para as organizações. É o princípio que Likert (1971, p. 127) cognomina de "Relações Solidarizantes" e pode ser assim sintetizado:

> A liderança e outros processos da organização devem ser de tal ordem, de forma a assegurar que cada membro, à luz da sua formação anterior, conceituação de valores e expectativas, tenha o máximo de probabilidade de considerar toda interação e toda a relação com a organização como uma experiência solidarizante e capaz de construir e conservar seu senso de valor e importância pessoal.

Essa posição demonstra que a administração só fará pleno uso das capacidades potenciais de seus recursos humanos quando cada pessoa, numa organização, for membro de um ou mais grupos de trabalho, operando eficientemente, mediante um alto senso de lealdade grupal, técnicas eficazes de interação e altas metas de desempenho. Como se vê, destaca-se o concei-

3. EFICIÊNCIA E EFICÁCIA DA COMUNICAÇÃO ORGANIZACIONAL

to de efetiva integração comunitária, expressa por meio do termo "solidarizante", cujo teor quer significar os valores, as metas, as expectativas, as aspirações do indivíduo, identificados com as experiências que tenha de desenvolver nas organizações, sem grandes conflitos. Seria isso possível?

Acreditamos que sim. Basta atentarmos para a necessidade de obtenção de eficácia na comunicação organizacional. A comunicação eficaz é o primeiro passo para a viabilização da meta integrativa. Mas o que seria, afinal, a eficácia? Antes de entrarmos diretamente no conceito de eficácia da comunicação, é conveniente discorrer um pouco sobre seu significado genérico. A literatura sobre eficácia organizacional é vasta. Praticamente todos os livros sobre Teoria da Organização, incluindo aí o rico acervo da área de Psicologia, tratam o tema por meio de uma abordagem descritivo-analítica. Mas possivelmente tenham sido Daniel Katz e Robert L. Kahn os únicos a tratar do tema com a perspicácia de quem não se arrisca a apenas apresentar um receituário ou um *modus operandi* sobre eficácia.

Pode-se definir eficácia organizacional como a extensão em que todas as formas de rendimento para a organização são maximizadas. Isso é conseguido por uma combinação da eficiência da organização como sistema e seu êxito em obter condições vantajosas ou *inputs* de que necessita.

Para chegar a esse conceito, Katz e Kahn percorrem um terreno cheio de obstáculos, a começar pelas imensas dificuldades metodológicas para dimensionar critérios de medição de eficácia. Portanto, qualquer modelo que se apresente configura-se como rudimentar.

A questão inicial parece se concentrar num dos componentes básicos da eficácia: a eficiência. Possivelmente, a Teoria de Sistemas nos dê uma boa acolhida à explicação de eficiência. Basta lembrarmos algumas características dos sistemas adaptativos complexos, tais como a abertura, o encadeamento de informações das partes e do todo, os circuitos de realimentação e a direção para metas, como aponta Buckley (1971).

Os sistemas complexos desenvolvem, em seu interior, mecanismos de mediação que passam a realizar tarefas de ajustamento do sistema às contingências externas, de direcionamento para meios mais favoráveis e de reorganização permanente de aspectos do próprio sistema a fim de poder lidar mais eficazmente com o meio. Ora, a eficiência de um sistema seria dada pelo quociente de seu *output* de energia (produto) e seu *input* de energia (custo, esforço). Em termos mais simples, poder-se-ia dizer que, por eficiência, deve-se entender o uso sinérgico de todas as formas para a geração de um produto. A eficiência objetiva conseguir perdas mínimas de energia, de forma que a capacidade dos sistemas adaptativos em realizar suas operações de ajustamento, direcionamento e reorganização com a finalidade de manutenção do equilíbrio e crescimento pode ser designada de eficiência.

A eficiência deve ser analisada à luz dos diversos fatores que permitem o ambiente organizacional: a tecnologia, o porte da unidade, o tipo de trabalho, os recursos humanos, os lucros etc. Analisar a eficiência apenas sob a ótica exclusiva do lucro é ter uma visão caolha do problema. Outro aspecto levantado diz respeito à eficiência potencial de um sistema e à eficiência que na prática é utilizada. Por exemplo, nem todos os automóveis com melhores motores, melhores desenhos conseguem ser mais eficientes que os de nível inferior, porque bastam certos abusos para que seu desempenho não alcance o nível de eficiência potencial. Em relação a cálculos de lucros, a eficiência deve ser confrontada com outros custos, que não apenas os de produção, mercantilização, manutenção e depreciação.

Graças à eficiência, uma organização promove seu crescimento e sua sobrevivência. Relaciona-se, assim, eficiência ao potencial técnico e econômico da organização. No entanto, a sobrevivência de uma organização não depende apenas dos níveis tecnológico e econômico. Na medida em que ela se insere no contexto social, necessita promover constantes transações com o ambiente. Portanto, há uma janela voltada para o exterior, extremamente importante para o equilíbrio do sistema. Divisa-se toda uma categoria de mecanismos e soluções extraorganizacionais que maximizam o rendimento das empresas, como a prática do *lobby*, por exemplo. Às soluções tecnoeconômicas soma-se, assim, um referencial político. O somatório disso tudo para otimizar o desempenho organizacional pode ser entendido como eficácia.

Por outro lado, pode-se também analisar a questão da eficácia avaliando a organização em termos de sua contribuição ao supersistema, à sociedade, ao poder de sobrevivência no meio ambiente. Nesse caso, as negociações entre as empresas e outras organizações sociais seriam julgadas eficazes no grau em que a organização proporcionasse o rendimento máximo para a sociedade por conta da energia que dela tirou.

É particularmente agradável para nós encontrar posição tão lúcida e contemporânea como essa de Katz e Kahn (1970). Identificamos nessa postura uma aberta pregação dos autores em favor de compromissos maiores das organizações para com o meio ambiente, como retribuição à matéria-prima que lhes deu vida, organicidade e crescimento. Com essa posição, eles se identificam com o ideário que posiciona a empresa ao lado de deveres e compromissos sociais, ampliando consideravelmente um discurso que, de tanto chavão, já se torna gasto: o chavão de relacionar a sobrevivência da organização apenas com eficiência interna.

Encontramos nas perspectivas de ligação com o meio exterior todo um referencial de valores, mutações e pressões, até agora pouco estudado.

Com uma contribuição mais didática, mas também sistêmica, como a anterior, Hersey e Blanchard (1977) apontam para três tipos de variáveis a influírem na eficiência organizacional. O primeiro conjunto agrupa as variáveis causais, independentes, como as estratégias de liderança, as habilidades, o comportamento e as decisões da administração, os programas e a estrutura da organização; o segundo tipo inclui as variáveis intervenientes, que representam a condição atual do estado interno e se refletem em suas capacidades, como motivações, comunicações, capacidade de interação; e o terceiro grupo abrange as variáveis de produção, dependentes, que refletem a realização da organização, tais como produção, custos, vendas, lucros, relações com sindicatos etc.

Em suma, analisar a eficiência seria percorrer a eficiência de cada variável. Isso seria o mínimo desejável para estudar o equilíbrio das forças na organização: forças de impulso, de um lado, que empurram a organização para o crescimento; e forças de restrição, de outro, que procuram conter o impulso, pela apatia, hostilidade, má manutenção etc.

O estudo de variáveis da eficiência é importante, também, para obter a integração de objetivos na organização, fazendo-se que os objetivos dos participantes se aproximem dos almejados pela organização.

Cremos que cabe à comunidade realizar uma parte dessa tarefa, a de integração de objetivos, por meio do uso adequado de formas, métodos, processos e canais, selecionados dentre o subsistema formal e/ou subsistema informal de comunicação.

COMUNICAÇÃO EFICAZ

Uma comunicação eficaz não é, como à primeira vista pode parecer, um ato em que emissor e receptor se envolvem numa mensagem, com resultados claros e consensuais para os dois. O emissor pode ter claramente em vista o objetivo de sua mensagem, com a qual concorda o receptor, mas ambos podem se comportar de maneira diferente, como se tivessem mensagens diferentes.

A eficácia do desempenho comunicativo não é a mesma coisa que a eficiência do encontro comunicativo. Duas pessoas podem ser eficientes, mas os resultados de um encontro de comunicação podem ser desastrosos. Explicando, pode-se perceber que o produto a se comunicar, o desempenho do emissor, com suas habilidades, integram o processo de comunicação, mas também aquele processo, a situação, o repórter de jornal, a mensagem que o receptor interpreta, suas habilidades de captação etc. Não se pode analisar eficácia isolando-se qualquer um desses elementos.

A eficácia é, em parte, determinada por todos esses elementos, devendo, pois, ser distinguida das aptidões ou das qualidades das mensagens nos encontros comunicativos. Mas um bom caminho para poder começar a avaliar a eficácia começa com o estabelecimento do plano, onde será posta a questão. O plano intrapessoal? Interpessoal? Tecnológico? Organizacional?

Relevância, credibilidade, adequação, entendimento e sincronia são algumas características que podem ser analisadas no estudo da eficácia. Já a eficiência comunicativa deve ser vista como a potencialidade, de um lado, do emissor de afetar outros, de modo a fazê-los seguir suas intenções e também para ser afetado pelos outros, de forma que sejam vantajosos para si ou para sua organização; de outro modo, o desenvolvimento das aptidões de alguém para receber comunicação é tão importante como o desenvolvimento das aptidões de alguém para comunicar.

Tentando relacionar a questão da eficiência da comunicação às habilidades humanas, podemos perceber que os processos de codificação e decodificação de mensagens são vitais para a maximização do processo de comunicação. Das habilidades de comunicação, duas pertencem à área de codificação – a escrita e a palavra –, duas estão na área de decodificação – a leitura e a audição – e a última é fundamental tanto para a codificação quanto para a decodificação, o pensamento. Checar, portanto, essas habilidades é medida inicial para a análise da eficiência.

Há, evidentemente, outras variáveis que influem no processo, algumas de natureza psicológica, como ensina David Berlo em seu *O processo da comunicação* (1960). A questão, por exemplo, das atitudes das fontes de comunicação. Atitudes para consigo mesmas, atitudes para com os receptores, atitudes para com os assuntos. Uma atitude positiva certamente contribuirá para o melhor desempenho do ato comunicativo. O nível de conhecimentos de comunicadores e receptores é outra variável. Nível de conhecimento que pode redundar em sucesso e fracasso do ato comunicativo, aí se incluindo as barreiras semânticas, o nível intelectual e cultural, o grau de especialização, a capacidade de transformar o conteúdo de mensagens numa proposta inteligível. Quando se fala em nível de conhecimento, não se pensa apenas em domínio temático, mas na capacidade de entendimento do interlocutor. Conhecer, portanto, o interlocutor, descobrir suas capacidades, seus anseios, saber fazer interferências e ilações: eis aí o âmbito do conceito de nível de conhecimento.

Outra importante hipótese a influir decisivamente na questão da eficiência está relacionada ao próprio sistema sociocultural. O mundo que permeia as vontades e os discursos propicia climas mais ou menos favoráveis à eficiência comunicativa. Assim, há empresas que têm uma sociocultura mais aberta e mais impregnada de espírito participativo. Estas qualificam melhor os interlocutores da comunicação, contribuindo para uma *performance* mais adequada.

Por último, é importante lembrar a necessidade de escolha de canais adequados. Com essas condições, será possível atingir um nível de expectativa desejado para os atos de comunicação.

Usamos as expectativas na codificação, na decodificação e nas respostas de mensagens. Quando criamos expectativas, quando fazemos predições, estamos supondo que temos capacidade para gerar empatia, que é a capacidade de nos projetarmos nas personalidades de outros. Empatia, pois, é o processo pelo qual chegamos às expectativas, às antecipações das condições psicológicas internas do homem. As comunicações altamente empáticas são comunicações eficientes.

ECONOMIA

A eficiência comunicativa está também relacionada a um conceito de economia. Há sempre algum investimento gasto quando acontece um ato comunicativo. A economia da comunicação, portanto, é parte do problema. Para entender melhor a situação, pode-se dizer que a eficiência da comunicação se mede pelo relacionamento entre eficácia obtida e os custos necessários para sua obtenção: eficiência = eficácia/gasto.

Essa medida de eficiência pode ser avaliada em termos de mensagem (todas as condições do ato comunicativo), de canal (análise de seu custo mínimo e adequação ao encontro) e de meios físicos e econômicos. O importante é não confundir a eficiência de um encontro comunicativo com a prova de sua eficácia (Thayer, 1979).

Em certos momentos, há, na organização, como lembra Tereza Halliday (1975), atos comunicativos com os quais comungam emissores e receptores. Nesses casos, as mensagens são trocadas para obter mútua recompensa, trocar informações úteis ao desempenho de cada emissor em suas respectivas posições, aprender coisas novas para aumentar a própria competência, analisar e resolver problemas, decidir sobre prioridades e alocação de recursos para os setores de trabalho e planejar uma atividade conjunta.

> Quando emissor e receptor discordam, as mensagens são intercambiadas para ganhar o controle de certas atividades, controle detido pelo interlocutor ou por este desejado, obter pelo mínimo custo (material, emocional) um objeto, serviço ou vantagem que o interlocutor pretende ceder com o máximo lucro para si próprio (material, emocional ou social), maximizar recompensas em

detrimento de terceiros e tentar localizar a fonte de um problema ou erro para livrar-se da responsabilidade do mesmo. (Thayer, 1979, p. 65-66)

É preciso alertar contra a ortodoxa maneira de analisar a questão da eficiência comunicacional sob o prisma de resultados imediatos. Como qualquer outro produto, o ato comunicativo, em pequena ou grande escala, em nível interpessoal ou social (massivo), gera resultados dentro de determinado tempo, um cronograma temporal que deve ser cuidadosamente planejado e integrado a uma visão globalizante do planejamento estratégico.

SINERGIA

Outro importante componente para a obtenção da eficácia organizacional é a sinergia. Utilizar os elementos condicionantes e determinantes de sinergia é condição também necessária para maximizar o processo de comunicação. O uso sinérgico da comunicação, além de melhorar as condições dos atos comunicativos, clarifica os canais, estabelece eficientes sistemas de coordenação, gera respostas mais imediatas e reduz substancialmente os custos dos programas.

Mas o que significa sinergia? Vamos buscar os ensinamentos de Ansoff (1977) e tirar a conclusão de que por sinergia deve-se entender um desempenho combinado superior à soma das partes envolvidas no processo. O exemplo usado por ele é bastante elucidativo:

Cada combinação de produtos e mercados faz certa contribuição para a rentabilidade geral da empresa. Cada produto resulta em vendas anuais no valor de S reais. Custos operacionais de O reais são utilizados em mão de obra, matéria-prima, gastos gerais, manutenção, administração e depreciação. Para desenvolver o produto, propiciar instalações e equipamentos e estabelecer uma rede de distribuição, deve ser feito investimento de I reais em desenvolvimento de produtos, ferramentas, prédios, máquinas, estoques etc.

A taxa anual de retorno *RSI*, do produto *P*, pode ser assim representada:

$$RSI = \frac{S1 - O1}{I1}$$

Isto é, o retorno sobre o investimento num produto pode ser obtido ao dividir-se a diferença entre as rendas e os custos operacionais de um período pelo investimento médio necessário para apoiá-lo. Uma expressão semelhante pode ser apresentada para todos os produtos da linha:

$$PI, ... P2, ... Pn.$$

Se todos os produtos forem independentes entre si, as vendas totais da empresa serão:

$$ST = SI + S2... + Sn$$

Do mesmo modo, para os custos operacionais e o investimento, ter-se-á:

$$OT = 01 + ... + On$$
$$IT = I1 + I2 + ... + In$$

O retorno sobre o investimento da empresa como um todo será dado por:

$$(RSI) = \frac{ST - OT}{1T}$$

Essa condição se verificará sempre que as rendas, os custos operacionais e os investimentos não estiverem relacionados entre si, sendo possível, portanto, obter os seus totais por meio de simples adição.

Na prática, isso pode ser válido numa empresa que mantém títulos não relacionados entre si ou numa *holding*. Na maioria dos casos, há vantagens de escala que permitem a uma grande empresa, com as vendas totais iguais à soma de várias empresas menores, operar a um custo inferior à soma dos custos operacionais das outras empresas separadas. O investimento numa grande empresa pode ser inferior, do mesmo modo, à soma simples dos investimentos respectivos. Isso equivale a dizer, usando os símbolos:

$S_s = ST$
$O_o \leq OT$ (menor ou igual)
$I_s < IT$

onde o índice *s* denota as quantidades respectivas de uma empresa integrada e o índice *T*, a soma de empresas independentes. Em consequência, o retorno potencial sobre o investimento de uma empresa integrada é superior ao retorno combinado que seria obtido se o mesmo volume de recursos monetários fosse investido na fabricação dos mesmos produtos por uma série de empresas independentes:

$$(RSI)s > (RSI)_T$$

A esse efeito dá-se o nome de sinergia.

Ora, parece claro que o retorno sobre investimentos em comunicação é muito superior quando aplicado por um sistema integrado que detenha as linhas de coordenação dos programas. Num conglomerado empresarial, a situação parece ainda mais clara, na medida em que os diversos centros de custos espalhados pelas unidades geograficamente dispersas não permitem retorno combinado, mas disperso. A possibilidade de sinergia do modelo de comunicação não se dá apenas ao nível de comercialização, quando se pode, por exemplo, partir para a negociação de pacotes com mídia massiva (publicidade), com significativa redução de custos, mas também ao nível de operacionalização dos recursos humanos envolvidos nas tarefas comunicativas, nas compras (em maior quantidade), na seleção mais apurada de canais e, principalmente, ao nível das operações administrativas, que permitirão maior controle sobre as linguagens, evitando a entrada de elementos dissonantes e ampliando a margem de coerência do sistema comunicacional como um todo.

O efeito sinérgico do uso dos meios de comunicação numa organização pode ser, assim, dimensionado em termos de considerável redução de custos em razão de planejamento e execução de tarefas conjuntas. Essas tarefas, coordenadas por um único centro, podem apontar mais certeiramente para os diversos componentes que tecem o sistema de comunicação total da organização, tais como: os fatores humanos; a tecnologia dos canais; a linguagem dos grupos organizacionais; as redes formais *versus* as redes informais (o boato, os rumores); os sistemas de informação; o sistema de comunicação de massa da organização (mídias impressa e eletrônica), tanto para público interno quanto para públicos externos; a pesquisa do meio ambiente (macrossistema) e o estudo da influência do sistema social sobre o sistema organizacional; o estudo dos impactos tecnológicos sobre a comunicação na organização e a identidade visual (estudo dos símbolos e ícones usados pela organização).

Criar as inter-relações no processo, diagnosticar e localizar os problemas em cada contexto, analisar as questões dentro de cada patamar – eis a possibilidade de uso sinérgico da comunicação. Pela sinergia, poder-se-iam verificar as ligações entre os processos fundamentais da comunicação--produção, disseminação, aquisição e processamento (consumo) – as estratégias e as táticas, posicionando esses resultados de acordo com os planos intrapessoal, interpessoal, grupal ou coletivo. Um circuito sinérgico potencializa a eficácia da comunicação empresarial (Figura A).

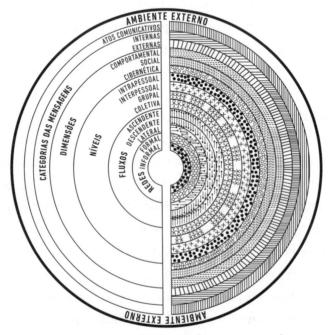

FIGURA A • CIRCUITO SINÉRGICO E VARIÁVEIS DA COMUNICAÇÃO

4. COMUNICAÇÃO ORGANIZACIONAL: CATEGORIAS, NÍVEIS, FLUXOS E REDES

A FENOMENOLOGIA DA COMUNICAÇÃO

POR SUA NATUREZA MULTIDISCIPLINAR, a área de comunicação envolve-se com diversas formas de interação social, principalmente aquelas que se estribam nos conceitos de influência, poder, consentimento, cooperação, participação, mimese, liderança, empatia e relações solidárias. Enfim, com todo o arcabouço conceitual que sustenta os fundamentos da Teoria da Comunicação sob as óticas da Sociologia, Psicologia, Antropologia, Ética, Direito, Fisiologia etc.

De que maneira se podem agrupar os fenômenos comunicativos, com a finalidade de ajustá-los a uma proposta de sistematização aplicada às organizações? De que modo se pode entendê-los e direcioná-los à construção de um modelo sistêmico? Tentamos esboçar algumas considerações, sobretudo dando ênfase aos aspectos estruturais do processo de emissão e recepção de mensagens nas organizações utilitárias e procurando também integrar as bases motivadoras – a sociocultura – explícitas ou latentes no cenário empresarial. Nosso propósito é o alinhamento de posições que sirvam de suporte para a construção de um modelo integrado para organizações com certo tipo de complexidade.

Recordemos, inicialmente, que a situação fundamental da comunicação redunda na transferência, partindo de um emissor (E) para um receptor (R) por meio de um canal físico (C) de certo número de sinais extraídos previamente de um registro (Rr) e reunidos num conjunto (M).

A parcela única do registro que serve para a comunicação propriamente dita é a comum ao emissor e ao receptor. Mas essa recepção de sinais e a sua identificação não são suficientes, devem dar origem a uma previsão da parte do receptor, ou seja, a um estabelecimento de ligações previsíveis entre as linhas de sequência. Como aumentar a eficácia desse processo de emissão e recepção? Por meio da aprendizagem, por exemplo.

A aprendizagem tem por função modificar pouco a pouco, em sequência e utilizando um grande número de atos de comunicação, o registro do receptor que tende a aproximar-se do registro do emissor. Quando esses registros se bifurcam, tem-se a eficácia do processo. Por isso, qualquer estudo, proposta ou projeto de comunicação deve, inicialmente, especificar a natureza do emissor, do receptor e do canal, o nível de observação (código) em que se coloca, a constituição dos sinais utilizados e, em seguida, estabelecer a frequência relativa desses sinais num grande número de transmissões (Figura B).

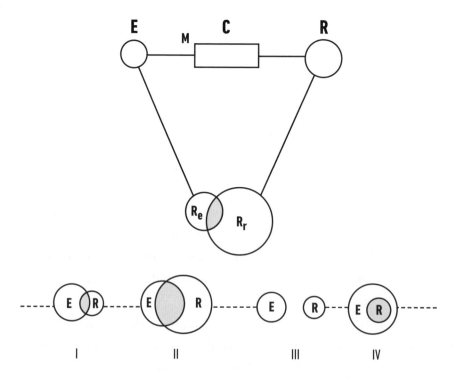

FIGURA B • O ATO DA COMUNICAÇÃO

Como se percebe, um ato de comunicação caracteriza-se pela função física exercida, pela natureza do canal utilizado, pela natureza sociométrica dessa comunicação (emissão, recepção, transferência ou difusão e *feedback*) (Figura C).

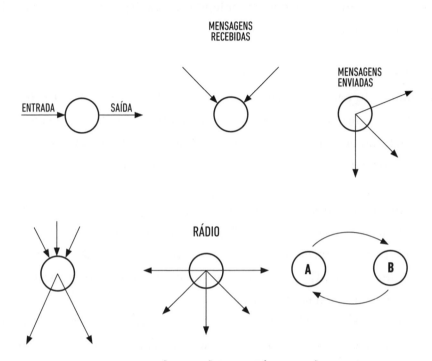

FIGURA C • **PROCESSOS: EMISSÃO, RECEPÇÃO, TRANSFERÊNCIA, DIFUSÃO, RECIPROCIDADE**

Durante muito tempo, o conjunto dos atos era classificado em função da natureza de cada um deles, distinguindo-se aí a comunicação visual, a comunicação escrita, a comunicação oral. No entanto, com a tecnologia digital, emergiu a figura do hipertexto, o qual reúne em uma mesma mensagem a experiência visual, verbal impressa, verbal oral e do movimento em vídeo. Também era classificado em função dos polos envolvidos no processo, do seu direcionamento e da sua capacidade de realimentação, depreendendo-se daí as comunicações unidirecionais, recíprocas (diretas e indiretas, públicas e privadas), em cadeia, multidirecionais etc., como ensina Maletzke (1970). Agora, introduziu-se a comunicação em rede, que não apenas é recíproca de um emissor a um receptor e vice-versa, como também se espalha em escala geométrica entre infinitas outras relações de emissores-receptores.

A reapresentação desses elementos é bastante pertinente quando se pretende construir um modelo integrado de comunicação, na medida em que, de acordo com a teoria sistêmica, todos os aspectos envolvidos num processo de comunicação devem ser lembrados, sob pena de se perder a globalização da situação.

CATEGORIAS

Definido o ato comunicativo, criam-se as condições para poder esboçar o modelo sistêmico. O primeiro elo é o enquadramento do modelo nas grandes categorias em que se dividem as comunicações da organização.

A rigor, existem duas categorias que abrigam as comunicações:

a) A primeira é integrada pelas comunicações que se processam no interior do sistema organizacional. São as comunicações elaboradas para o *construto* da consciência coletiva, no sentido etimológico do termo, que servem para edificar as decisões do ambiente interno e se destinam aos que trabalham na organização.

b) A segunda categoria diz respeito às comunicações externas, recebidas ou enviadas pelo sistema organizacional ao mercado, a fornecedores, consumidores, poderes públicos.

Essas duas categorias dão organicidade e consistência e promovem a expansão da organização, permitindo-lhe conhecer o ambiente interno, o ambiente externo onde atua e o mercado no qual deve competir.

Os objetivos delineados pela organização, os métodos que aplica, a eficácia e a eficiência com que aprimora seus padrões de funcionamento dependem da qualidade e da disponibilidade de informação que emite e/ou recebe de três sistemas, inerentes às duas grandes categorias de comunicações:

a) O primeiro agrupa estruturas, redes, objetivos, normas, políticas, fluxos, programas e diretrizes estratégicas. Esse sistema gera a necessidade de programas de comunicação interna visando identificar e integrar os objetivos organizacionais aos objetivos dos participantes.

b) O segundo sistema é o ambiental, que envolve os padrões sociais, culturais, políticos, geográficos e econômicos do meio ambiente.
c) E o terceiro sistema, que, a rigor, se insere no ambiental, mas aqui está separado pela extrema importância a ele dedicada pela organização, engloba os comportamentos da economia e do mercado e os tipos de relações entre a produção e o consumo, trata-se do sistema competitivo.

Estes dois últimos sistemas demandam a necessidade de criação de polos de comunicação voltados para o meio externo.

Como recomendam Daniel Katz e Robert Kahn (1970, p. 258):

> Os princípios gerais de comunicação como um processo sociopsicológico são muito bons; eles estabelecem limites dentro dos quais devemos operar. Porém, eles precisam ser suplementados por uma análise do sistema social, para que possam ser corretamente aplicados a determinadas situações.

CLASSIFICAÇÃO DISCIPLINAR

As duas grandes categorias de comunicações, com seus três sistemas, formam a primeira classificação disciplinar da comunicação organizacional. Queremos, assim, emprestar à comunicação o mesmo escopo de valores e funções vitais que têm, por exemplo, o planejamento, a tomada de decisão, o controle, a motivação, a inovação. O nosso intento de oferecer à comunicação organizacional uma abordagem disciplinar comporta três dimensões:

1. A dimensão comportamental, cujo circuito abrange o posicionamento dos recursos humanos e o desenvolvimento organizacional e acolhe três níveis:
   - o nível interpessoal;
   - o nível intrapessoal; e
   - o nível grupal.
2. A dimensão social, envolvendo a comunicação entre a organização e o sistema social.

3. A dimensão cibernética, agrupando os circuitos de captação, armazenamento, tratamento e disseminação de informações para uso dos quadros organizacionais.

A primeira dimensão relaciona-se ao comportamento dentro das organizações, envolvendo as preocupações com processos e habilidades comunicativos entre pessoas e grupos, com a finalidade de ajustamento, integração e desenvolvimento.

A segunda dimensão é estudada e desenvolvida por meio dos modelos de comunicação social, de massa (*mass media*) e de rede, que se caracteriza pela transmissão de mensagens, via canais indiretos (jornais, revistas, boletins, rádio, TV, portais de internet, plataformas de redes sociais etc.), de uma fonte para uma ampla audiência, heterogênea, dispersa e amorfa.

A terceira dimensão conjuga-se ao controle, tratamento racional e automático das informações, seu armazenamento por organismos e máquinas, e vincula-se ao sistema tecnológico das organizações (Figura D).

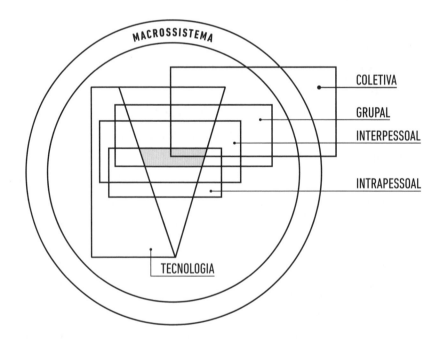

FIGURA D • NÍVEIS

As duas primeiras dimensões apoiam-se em estudos de Psicologia, Sociologia, Antropologia, Direito, Ética, Fisiologia, Teoria de Informação, Linguística, entre outras, e a terceira dimensão tem fundamento na Teoria de Sistemas, Matemática e Física aplicadas.

Cotidianamente, as três dimensões desenvolvem-se paralelamente na organização. De um lado, aparecem programas e atividades direcionados para a comunicação social, implantados por meio de projetos de relações públicas, imprensa, publicidade; de outro, ações visando ao relacionamento grupal; e, por fim, estudos conectados aos Sistemas de Informação, criados com a finalidade de fornecer dados para a gestão empresarial.

A nossa proposta de criação de um modelo sistêmico, que começa por pretender classificar os atos comunicativos em categorias de comunicação unidas num processo sinérgico, baseia-se na hipótese de que a eficácia da organização depende, fundamentalmente, do conjunto harmonioso que se instala, tendo como polo uma estrutura de coordenação para as operações de comunicação organizacional. Negamos, assim, a possibilidade de maximização da eficácia quando diversos centros emanam linguagens diferenciadas. Isso se torna ainda mais severo mediante as possibilidades de as organizações perderem controle sobre a difusão em rede de informações que lhes dizem respeito, via publicações e trocas de informações operadas em sites (como em programas como o Reclame Aqui), plataformas sociais e de "conversas" em grupos formados em dispositivos de comunicação eletrônica imediata, como WhatsApp, Messenger, Snapchat etc.). Preservar a unicidade do discurso organizacional é a meta finalista do modelo sistêmico, agora mais do que nunca.

NÍVEIS

A unicidade do discurso organizacional vincula-se também ao que se pode chamar de níveis de análise. Nesse caso, trata-se de posicionar a comunicação num dos quatro níveis que contextuam os problemas de comunicação, a saber:

a) O *nível intrapessoal*, que estuda basicamente o comportamento do indivíduo, suas habilidades e atitudes.

b) O *nível interpessoal*, que estuda, além das variáveis internas de cada comunicador, as relações existentes entre as pessoas envolvidas, suas intenções e expectativas diante das outras, as regras dos jogos interpessoais em que poderão estar empenhadas na ocasião. Isto é, nessa faixa, a preocupação seria com a maneira como determinados indivíduos se afetam mutuamente, por meio de intercomunicação, e, desse modo, regulam-se e controlam-se uns aos outros. O fenômeno ganhou nova dimensão por meio da exposição da vida pessoal e profissional via redes sociais digitais.

c) O terceiro *nível* é chamado por Thayer (1979) de *organizacional*, mas preferimos chamá-lo de *grupal*. Em relação ao nível, pode-se levantar todo um repertório de situações envolvendo os grupos nas organizações com base, por exemplo, nas características apontadas por Lane e Sears (1966), como dimensões do grupo, frequência de contato, tempo de conhecimento e de trabalho, participação em decisões, centralismo grupal, coesão, saliência, clareza da norma grupal, homogeneidade etc.

Nesse nível, estão também incluídas as relações entre o sistema organizacional e os grupos sociais. Portanto, divisamos aqui uma dimensão de comunicação social que consiste na possibilidade de a organização, como sistema, comunicar-se com outros sistemas.

d) O quarto nível de comunicação é o tecnológico, e também nesse caso a preocupação dirige-se ao equipamento, ao aparelhamento e aos programas formais que geram, armazenam, processam, traduzem, distribuem e exibem dados. As questões referentes às linguagens dos canais, à sua especificidade técnica devem ser devidamente estudadas dentro desse nível. Principalmente agora, com o armazenamento de dados na nuvem (em servidores acessados remotamente via internet), o que confere celeridade ao processo, ao mesmo tempo que o manuseio de programas de edição de texto, áudio e imagem está disponível a qualquer integrante da rede informacional, independentemente do ponto em que se encontra. Por isso se diz, hoje, que o receptor é muito mais que um consumidor de informações e dados. Ele próprio é um produtor e tem acesso fácil aos recursos tecnológicos necessários a essa interação-intervenção.

FLUXOS

Os mecanismos de comunicação numa organização movimentam-se, simultaneamente, em três fluxos e duas direções, residindo no seu ajustamento o equilíbrio do sistema comunicacional. São o fluxo descendente, ascendente e lateral, nas direções vertical e horizontal.

O fluxo de comunicação descendente, seguindo o padrão de autoridade das posições hierárquicas, responde pelo encaminhamento das mensagens que saem do *top* decisório e descem até as bases. Instruções, diretivas, procedimentos e práticas organizacionais, doutrinação sobre metas são alguns tipos de mensagens desse fluxo, cujo objetivo é o de assegurar o desempenho correto de cada papel em todas as posições na organização. Os problemas mais comuns encontrados nesse fluxo dizem respeito a falhas na retroinformação do *top* para as bases sobre o desempenho das pessoas. "Mesmo em organizações nas quais a filosofia gerencial solicita avaliação de desempenho, negligencia-se na retroinformação" (Katz e Kahn, 1970, p. 274).

Pode constituir problema também o tamanho do laço (*loop*) de comunicação, que é a quantidade de espaço organizacional coberto pela informação. Quando as comunicações do *top* são excessivamente gerais para atingir a todos, indistintamente, podem criar embaraços nas significações, gerando ruídos e dissonância. Daí a necessidade de interpretação ao nível setorial-departamental ou mesmo da utilização dos líderes de opinião, para aceitação da comunicação por meio do fluxo em duas etapas. Por esse fluxo, a mensagem segue, num primeiro momento, para o líder de grupo, que a recebe e a interpreta, e deste vai, numa segunda etapa, para os outros membros do grupo.

O fluxo de comunicação ascendente responde pelo encaminhamento aos níveis superiores da organização de informações funcionais e operativas que saem das bases, com resultados dos estágios dos programas, dos anseios, das expectativas e das sugestões.

Essas informações são utilizadas para finalidade de controle, razão pela qual passam por muitas restrições.

A comunicação horizontal, além de permitir grande entrosamento nos grupos de pares e de mesmo nível funcional, contribui para aperfeiçoamento da coordenação. Nos desenhos organizacionais mais autoritários e hierárquicos, percebe-se uma tendência para manter a informação como propriedade secreta de alguns grupos, que, evidentemente, a utilizam para controlar os subordinados.

Qualquer planejamento em comunicação deve levar em consideração as demandas e características dos três fluxos, de modo a permitir vazão nas áreas e limpeza nos canais formais.

REDES

Duas redes de comunicação permeiam o sistema organizacional: a rede formal e a rede informal. A rede formal comporta todas as manifestações oficialmente enquadradas na estrutura da organização e legitimadas pelo poder burocrático. A rede informal abriga as manifestações espontâneas da coletividade, incluindo-se aí a famosa rede de boatos, estruturada a partir da chamada cadeia sociológica dos grupinhos. Explica-se a cadeia de grupinhos pela possibilidade de alguém, após uma interlocução, encontrar três ou quatro pessoas e passar a informação colhida num primeiro momento. Dos três ou quatro reunidos no segundo grupo de interlocução, sai mais um, que passa a informação para outro grupo e assim sucessivamente, formando-se uma cadeia de grupinhos, de onde saem pessoas que ficam passando a informação. Entre a informação inicial e a final, há um processo de deterioração, gerando distorções.

Um aspecto interessante das redes diz respeito à sua formação, aos liames que a compõem. As redes em formas de círculo, roda e outras modalidades (Katz e Kahn, 1970, p. 272) agem diferentemente. Quanto menor o número de liames de comunicação em um grupo, maior a eficiência do grupo no desempenho de tarefas. As experiências para verificação do tipo que proporcionaria melhor comunicação mostraram que a roda, proporcionando uma hierarquia de dois níveis, em vez das outras com uma hierarquia de três níveis, permitia uma comunicação mais fluida.

O conhecimento da tipologia das redes de comunicação está relacionado, portanto, à ideia de eficiência dos encontros. Por outro lado, todo um esforço deve ser dispensado para a compreensão das redes informais porque, na verdade, elas dão vazão aos fatores sociológicos e psicológicos existentes na coletividade. Há uma tendência, que consideramos negligente, de combater os boatos com outros boatos. Não se deve combater nem ignorar a rede informal porque a oposição pode apenas encorajar o informal contra o formal. Indica-se como sugestão viável a utilização da rede informal sobre o sistema formal, de modo a abri-lo convenientemente, de acordo com determinadas circunstâncias.

A criação de agendas como o *casual day* (empresas que liberam traje mais informal aos seus funcionários às sextas-feiras, dispensando-os mais cedo do trabalho) ou de climas sociais como *happenings* (um café da manhã coletivo uma vez por semana ou saídas nas noites de sexta-feira), por exemplo, pode ajudar determinados grupos hierárquicos a abrir a estrutura formal das organizações.

A construção de um modelo sinérgico de comunicação há, necessariamente, de passar pelo estudo das redes de comunicação. Essas linhas de pensamento podem ser extremamente úteis para a compreensão da fenomenologia da comunicação organizacional. Dir-se-ia que constituem a fonte onde irão beber todos os profissionais que pretendem construir um modelo avançado de comunicação a serviço de empresas do tipo complexo.

5. PROCESSOS, VEÍCULOS E TIPOS NA COMUNICAÇÃO ORGANIZACIONAL

NECESSIDADE DE COMUNICAÇÃO

A **Revolução Industrial iniciou** um processo de radicais transformações em todos os setores da atividade humana. A invenção dos teares mecânicos criou o modelo para quase todo o curso de mecanização da indústria. O plano econômico transformou-se com o aparecimento e o fortalecimento do sistema fabril, surgindo, consequentemente, uma nova ordem econômica. No plano social, grandes transformações ocorreram, a partir do momento da transferência de trabalhadores da casa para a fábrica ou do campo para a cidade.

Com a divisão do trabalho mais complexa, mediante a crescente especialização, nasceu a empresa. No espaço de dois séculos, novas e revolucionárias transformações ocorreram, os grupos sociais tornaram-se mais divididos e os seus membros começaram a se preocupar cada vez mais com objetivos e realizações particulares. A automatização de fábricas e equipamentos chegou a tal ponto que Norbert Wiener chegou a atribuir à era presente o estágio de uma segunda Revolução Industrial[1].

1. Ao dizer que no começo do século XX o poder industrial estendeu-se por todo o globo terrestre, Edgar Morin (1969) chega a falar num segunda industrialização: "A que se processa nas imagens e nos sonhos. A segunda colonização, não mais horizontal, mas desta vez vertical, penetra na grande reserva que é a alma humana. [...] Cinquenta anos mais tarde um prodigioso sistema nervoso se constituiu no grande corpo planetário: as palavras e imagens saíam aos borbotões dos teletipos, das rotativas, das películas, das fitas magnéticas, das antenas de rádio e de televisão". Morin diz, então, que essa segunda industrialização é a industrialização do espírito, que progride no decorrer do século XX

Na verdade, Manuel Castells (2011) aponta que o mundo vive uma revolução tecnológica de dimensões similares àquela experimentada pela humanidade há 2.700 anos com o advento da escrita. O sociólogo identifica, no processo, uma "reestruturação profunda do capitalismo" por meio de novo modo de organização da produção, que veio acompanhado do desenvolvimento tecnológico, inicialmente a automatização e, posteriormente, as novas tecnologias de informação e comunicação. É um capitalismo que ele caracteriza como "informacional", de acentuada especialização, individualização do trabalho, baixa remuneração das atividades operacionais, elevada remuneração das atividades altamente especializadas e fragmentação.

Nesse contexto, identificamos uma sociedade pluralista de organizações, técnica por excelência, em que aparecem organismos cada vez mais diferentes e especializados, sejam eles do meio urbano ou das administrações, das universidades ou das igrejas.

Se a Revolução Industrial acarretou tão grandes transformações, como a concentração do poder econômico, a produção em massa, o consumo padronizado e o surto de urbanização, é porque o rol dos avanços tecnológicos esteve sempre ligado ao crescimento e à expansão das organizações industriais. Para crescer e se expandir, as organizações multiplicaram suas técnicas, suas especializações. Mas a determinante principal do crescimento empresarial sempre foi a comunicação. Toda organização depende, para seu crescimento e sua prosperidade, da manutenção da confiança na sua integridade e no bom-senso de sua política e atuação, seja no que diz respeito ao seu pessoal ou aos clientes, fornecedores e acionistas. E isso só se consegue com um programa de comunicações.

Caracterizada fundamentalmente como uma unidade econômica, onde a combinação dos fatores de produção – capital, trabalho, natureza e

---

(cf. *Cultura de massas no século XX*, Rio de Janeiro, Forense, 1969, p. 15). Wiener fala, no entanto, numa segunda Revolução Industrial. Diz ele: "O estado atual das técnicas inclui a totalidade dos resultados da primeira Revolução Industrial, juntamente com outras inovações que ora percebemos serem precursoras da segunda Revolução Industrial [...] Somente agora a verdadeira significação da invenção da válvula eletrônica foi compreendida o bastante para permitir-nos atribuir à presente era uma segunda e nova Revolução Industrial" (cf. Wiener, *op. cit.*, p. 150-51).

técnica – gera um bem de consumo ou de serviço, a empresa objetiva o lucro. Como um sistema social – conjunto de partes distintas, mas reunidas por uma função comum, no dizer de Abraham Moles –, ela se apoia em objetivos relacionados ao meio ambiente constituído pela sociedade: "O meio social ou econômico, a que chamam mercado" (Moles, s/d, p. 13).

É a comunicação que proporciona a reunião das partes distintas da empresa, produzindo as condições para um trabalho coordenado das estruturas, permitindo, enfim, que as cúpulas empresariais atinjam as metas programadas. Ela se define como um processo dinâmico que compreende a existência, o crescimento, a mudança e o comportamento de toda a organização e é determinada pela necessidade, utilidade e conveniência, tanto da parte da empresa como da parte dos que nela estão integrados, direta ou indiretamente.

Para sobreviver, como já vimos anteriormente, a empresa necessita criar mecanismos de informação que lhe capacitem conhecer o ambiente onde atua, o mercado no qual deverá competir e o próprio ambiente interno que congrega sua estrutura. Daí por que a existência de uma empresa está sempre correlacionada à sua necessidade de recepção e/ou emissão de informações para os três sistemas:

1. *Sistema ambiental* – onde estão insertos os padrões sociais, culturais, políticos e econômicos – ambiente de atuação.
2. *Sistema competitivo* – que agrupa a estrutura industrial do ambiente, o relacionamento e os tipos de relações entre a produção e o consumo – ambiente de competição.
3. *Sistema organizacional* – que se refere às suas próprias estruturas internas, com objetivos, programas e políticas – ambiente interno da organização.

Recebendo mensagens ou emitindo informações para esses três sistemas, a empresa gera condições para se integrar ao meio, à competição, e, por último, estabelece normas para sua melhor organização. Os objetivos delineados por uma empresa, os métodos que ela aplica, a eficácia com a qual ela aprimora seu próprio funcionamento dependem da qualidade e da disponibilidade de informação que provêm desses três sistemas. Diz Moles (s/d, p. 38):

> A comunicação é um aspecto universal da atividade da empresa [...], pois tudo que ela produz para o meio interno ou externo ao grupo fechado que ela constitui está relacionado a um ato comunicativo, a uma troca de sinais de um lugar para outro.

O PROCESSO DE COMUNICAÇÃO

Falou-se, aqui, de comunicação e informação. É preciso fazer algumas distinções entre os termos. Para uns autores, a comunicação compreende todos os meios e formas de transmissão de informações (Berlo, 1960). Outros definem informação como todo sinal, signo ou símbolo que pode ser empregado por uma ou várias pessoas para modificar o comportamento de uma ou mais pessoas.

A comunicação seria, portanto, a transferência de informação entre duas ou várias pessoas. Outros ainda dizem que, se é possível estabelecer uma diferença entre comunicação e informação, ela é a mesma que pode existir entre os termos "forma" e "fundo" ou "forma" e "conteúdo" (Pignatari, 1968).

Como os especialistas em comunicação empresarial veem a diferença? Redfield (1967) diz que a comunicação é o processo de transferir uma pequena informação selecionada (mensagem) de uma fonte de informação a um destinatário. Assim, o campo das comunicações envolve um amplo intercâmbio humano de fatos e opiniões, e não as operações telefônicas, radiofônicas e similares. Baseado no conceito de Aristóteles de que a retórica é a procura de "todos os meios disponíveis de persuasão", Berlo (1960) diz que a comunicação é, sobretudo, um processo de influência. Depreende-se desses conceitos que a informação tem o objetivo imediato de aumentar o conhecimento de quem a recebe, enquanto a comunicação objetiva, essencialmente, tem o de alterar ou influenciar comportamentos, resultando, assim, a imagem de comunicação como processo e a informação como produto desse processo.

Levando o conceito para o âmbito da empresa, podemos dizer que a informação empresarial constitui uma atividade reguladora, compreendendo tudo aquilo que a empresa recebe ou emite com o objetivo de padronizar comportamentos: regulamentos, normas, portarias, avisos etc.

A comunicação empresarial é um processo mais amplo que objetiva provocar atitudes voluntárias por parte dos públicos para os quais a empresa se dirige. Engloba, portanto, todos os tipos de informações empresariais, e as diferenças que aparecem entre os termos são menos quanto à natureza ou qualidade das mensagens transmitidas e mais quanto ao objetivo pretendido com elas.

COMUNICAÇÃO INSTRUMENTAL

Como a empresa utiliza a comunicação para influenciar o comportamento da comunidade empresarial? Ao explicar como uma fonte afeta o comportamento de um receptor, Berlo (1960, p. 25) parte da distinção entre os dois tipos de objetivos que se podem observar na comunicação: o objetivo "consumatório" e o objetivo instrumental. Essa distinção é vista por Wilbur Schramm (1949) de duas maneiras, quando ele fala da recompensa imediata e recompensa retardada. No primeiro caso, as pessoas são recompensadas imediatamente, ao receberem ou emitirem determinados tipos de mensagens. Por exemplo, um escritor pode satisfazer-se no próprio momento da composição de sua obra ou um leitor pode sentir-se satisfeito ao lê-la. Tanto o escritor como o leitor foram atingidos pelos objetivos "consumatórios" da comunicação. Ocorre, porém, que o escritor pode escrever e apresentar sua obra, pretendendo principalmente que as pessoas a comprem, e o leitor poderá lê-la apenas com o objetivo de ampliar o seu cabedal de conhecimentos ou de poder utilizar informações adquiridas para discuti-las com outras pessoas e, assim, aumentar seu prestígio intelectual. Nesse caso, a obra escrita teve primordialmente para o escritor um objetivo instrumental. A resposta produzida é instrumental na produção de um comportamento do leitor (compra). E este será recompensado, posteriormente, ao utilizar-se dos conhecimentos adquiridos com a leitura da obra (recompensa retardada). Isso nos dá também a ideia de fruição da comunicação, no próprio momento em que as mensagens são transmitidas (objetivo "consumatório"), e de fruição da comunicação, tempos após a transmissão das mensagens (comunicação que é instrumento para produção de outro comportamento – objetivo instrumental).

Ora, na empresa, os objetivos da comunicação são os de modificar e adaptar o comportamento das pessoas às normas traçadas, influenciar atitudes e preferências, carrear todos os atos com vistas à execução das metas programadas. Os objetivos gerais da comunicação devem produzir:

a) maior prazer e satisfação no trabalho e nas relações de cada um com seus companheiros;
b) atitudes mais desejáveis e mais racionais, em consequência de um maior sentido de participação e talvez de uma melhor informação acerca do ambiente de trabalho;
c) um sentimento mais desenvolvido do dever, em consequência de uma definição mais clara de autoridade e de responsabilidade, uma ação mais inteligente no trabalho e nas negociações (Leyton, 1970, p. 27).

Observa-se, pois, que a comunicação organizacional é semelhante a todo processo de doutrinamento, de educação e até de propaganda, assumindo características essencialmente persuasórias. Esse objetivo de produzir atitudes e comportamentos nas relações interpessoais e estruturais da empresa parece-nos instrumental. Portanto, a comunicação empresarial atua como instrumento de persuasão.

Comunicação bilateral

Se aplicarmos o diagrama de Harold Lasswell (1971) – quem diz o quê, em que canal, a quem, com que efeito –, podemos concluir que na empresa as comunicações também constituem uma forma social e humana, que envolve os seguintes elementos:

Um consumidor (diretor, gerente, supervisor)
transmite (diz, expede, ordena)
mensagens (ordens, normas, instruções) a um
destinatário (funcionários), a fim de influenciar seu comportamento, conforme comprovará sua
resposta (atendimento às normas, melhoria nos serviços, aumento de produtividade).

Se a informação transmitida atravessa a empresa de cima para baixo, isto é, do comunicador-mor (diretor, por exemplo) ao destinatário típico (o operário), sem haver uma resposta (do destinatário ao comunicador), estamos diante de uma comunicação unilateral. Essa não é a melhor forma de comunicação porque a unilateralidade da comunicação é um obstáculo ao controle. Por isso, observa-se, hoje, um crescente fluxo de informações bilaterais, em que as mensagens passam em ambos os sentidos, do superior ao subordinado e vice-versa, e em ciclo contínuo (Redfield, 1967).

As informações bilaterais geralmente promovem um consenso entre os pontos de vista dos subordinados e dos superiores, ao mesmo tempo que criam um clima de relações humanas e compreensão mútua. A comunicação bilateral não conduz apenas a uma melhor apresentação das informações.

> É também um meio de tornar as pessoas mais conscientes do seu ambiente de trabalho, de promover relações boas e duradouras. A obediência é então considerada com um sentido novo. As pessoas obedecerão porque querem fazê-lo e não porque têm de fazê-lo. (Leyton, 1970, p. 26)

Aliás, o método tradicional de comunicação empresarial, que Canfield (1970) designa de "mão única", oferece muitos perigos. Se a administração central transmite diretivas de cima para baixo, a mensagem original, ao longo da linha de comunicação, torna-se deturpada ou influenciada por interpretações individuais. Consequentemente, os vários níveis hierárquicos que transferem a mensagem original deturpam-na a ponto de boa parte dela se perder antes de atingir os operários. Pelo sistema bilateral recíproco – como veremos adiante – a direção pode saber se suas mensagens estão sendo recebidas e interpretadas da forma correta.

Esse sistema bilateral é consequência da acentuada tendência à descentralização que se observa desde a Segunda Guerra Mundial. A descentralização compreende não apenas o fator geográfico, mas também o administrativo. Ela coloca a autoridade mais próxima do palco de operações, liberando os dirigentes da supervisão direta e dando maiores possibilidades ao seu espírito de iniciativa, favorecendo o controle da organização.

DUAS POSIÇÕES

As comunicações na empresa processam-se por meio de duas posições interferentes, mas distintas. De um lado, há a posição que congrega as comunicações dos indivíduos como pessoas humanas, isto é, as comunicações que resultam do comportamento da personalidade das pessoas. A essa posição chamaremos de *comunicação pessoal*. De outro, há a posição que compreende as comunicações relacionadas às funções (posições) ocupadas por essas pessoas na estrutura da empresa, a qual chamaremos de *comunicação estrutural*.

A *comunicação pessoal* agrupa os comportamentos comunicativos dos indivíduos: palavras, conversas, atos, reclamações etc.

A *comunicação estrutural* congrega as formas de comunicação ligadas às exigências da estrutura funcional da empresa, como, por exemplo, as normas, os regulamentos, as publicações, os boletins.

As comunicações na empresa podem, ao mesmo tempo, conter uma dimensão pessoal e uma estrutural. Por exemplo, a conversa entre duas pessoas que têm posições hierárquicas diferentes. Implica, em primeiro lugar, um ato comunicativo interpessoal e, em seguida, uma ligação entre dois cargos da estrutura empresarial. Isso significa que os cargos podem tanto afetar a maneira como os indivíduos se comunicam como sua personalidade. O diretor de uma empresa dá instruções a um subordinado (comunicação estrutural), mas as suas predisposições psicofísicas (mal-estar, satisfação, emoção etc.), no momento de transmiti-las, podem afetar a própria mensagem transmitida (a instrução talvez não seja compreendida e o subordinado interprete de maneira errônea aquilo que lhe foi ordenado).

CANAIS FORMAIS E INFORMAIS

A troca de informações pessoais ou a disseminação de informações operacionais (estruturais) utilizam, no âmbito da empresa, duas espécies de canais, ou, como chama Weiss (1971), os dois principais subsistemas do sistema de comunicação na empresa: os canais formais e os canais informais.

Os canais formais são os instrumentos oficiais pelos quais passam tanto as informações descendentes como as ascendentes que visam assegurar o funcionamento ordenado e eficiente da empresa (normas, relatórios, instruções, portarias, sugestões, reclamações etc.). Os canais informais são aqueles não planejados pela diretoria que fogem ao seu controle ou ignoram, inclusive, a existência dos canais formais. À primeira vista, os contatos informais que os superiores mantêm com os subordinados podem ser enquadrados nesse tipo de comunicação informal. Na realidade, não o são. Seriam até mais formais se um programa elaborado na empresa fornecesse a cada chefe uma lista de seus subordinados com os nomes daqueles com quem ele tivesse contato. Essa lista permitiria formalizar os encontros.

As comunicações informais são todas as livres expressões e manifestações dos trabalhadores, não controladas pela administração. Caracterizam-se classicamente pela temível rede de boatos, rede que não tem estrutura, que segue caminhos diferentes e dá margem à criação de outras redes. Vence, na rapidez com que dissemina as informações, a estática que caracteriza a rede formal de comunicação.

MÉTODOS E VEÍCULOS

A comunicação bilateral de que falamos anteriormente e as posições de comunicação (pessoal-estrutural) permitem-nos dizer que o sistema de comunicação empresarial é sustentado por três fluxos que se movem em duas direções: *para cima* e *para baixo* (direção vertical) e *lateralmente* (direção horizontal). Como muitas empresas possuem unidades fabris geograficamente dispersas, isto é, que não se concentram sob o mesmo teto, o termo "para baixo" compreende também o significado "para fora"; segundo o mesmo raciocínio, o termo "para cima" significa também "para dentro".

A empresa possui, então, os seguintes fluxos de comunicação:

a) Comunicação descendente centrífuga = direção vertical
b) Comunicação ascendente centrípeta = direção vertical
c) Comunicação lateral = direção horizontal

Alguns autores[2] chegam a sustentar um quarto tipo de fluxo – a comunicação diagonal –, que compreende as mensagens trocadas entre os centros de decisão que não se encontram sobre o mesmo plano lateral na estrutura das empresas, como, por exemplo, a comunicação que pode existir entre um gerente e um funcionário lotado no serviço de um departamento hierarquicamente inferior ao daquele. Esse fluxo, porém, não tem muita representação na empresa, podendo ser absorvido pelos tipos clássicos relacionados.

COMUNICAÇÃO DESCENDENTE CENTRÍFUGA

Esse tipo de comunicação direcional refere-se ao processo de transmissão de informações da cúpula para a base. As informações enviadas traduzem, essencialmente, os objetivos, a política, as diretrizes, as normas, os procedimentos e os princípios orientadores necessários ao funcionamento da empresa.

Os métodos utilizados na comunicação descendente centrífuga estão divididos em três grupos: *visuais*, *auditivos* e *visuais/auditivos*, cada um compreendendo diversos canais (veículos) formais. O quadro da página seguinte mostra esses métodos com os seus respectivos veículos.

Como se observa, a maior parte das comunicações na empresa apoia-se nos canais orais e escritos. Frequentemente se diz que a comunicação oral é mais desejável porque a utilização de canais naturais (Moles, s/d), como a fala, a visão e a audição, permite que se obtenha um *feedback* máximo e imediato. As comunicações interpessoais permitem realmente maior interação, já que os interlocutores podem participar diretamente dos problemas, discutir e trocar ideias, tirar conclusões durante a troca de informações. No entanto, muitas mensagens empresariais não podem utilizar-se de canais naturais, como o relatório mensal de atividades de produção. As mensagens escritas, embora de caráter menos pessoal, constituem parte essencial nas comunicações empresariais, principalmente quando se trata de informações importantes que devem chegar a um grande número de pessoas.

---

2. Entre outros que falam no fluxo diagonal estão Weiss (1971, p. 27); Planty e Machaver (1962, p. 316).

COMUNICAÇÃO ASCENDENTE CENTRÍPETA

Representa o processo de transmissão das informações por meio do qual a base (os trabalhadores) pode fazer chegar aos escalões superiores suas opiniões, atitudes e ações sobre assuntos importantes para o funcionamento da empresa. Por meio desse fluxo de informações, a direção pode verificar se sua política está sendo aceita e cumprida. É o *feedback* ou a informação de retorno que proporciona à direção o controle de seus objetivos, bem como suas futuras mensagens a ser transmitidas, seja nas plataformas analógicas convencionais ou nas digitais.

I – VISUAIS
a) *escritos*
instruções e ordens escritas
comunicados eletrônicos
circulares
cartas pessoais
manuais
quadro de avisos
boletins
panfletos
jornais e revistas para empregados
relatórios de atividades
formulários
b) *pictográficos*
pinturas
fotografias
desenhos
diagramas
mapas
ideografias
c) *escrito-pictográficos*
cartazes
infográficos
gráficos

diplomas
d) *simbólicos*
luzes
logos
bandeiras e flâmulas
insígnias
II – AUDITIVOS
a) *diretos*
conversas
entrevistas
reuniões
conferências
b) *indiretos*
telefone
mensagens eletrônicas (SMS, WhatsApp, Snapchat, Messenger etc.)
rádio
intercomunicadores automáticos
alto-falantes
c) *simbólicos*
sirenas
apitos e buzinas
sinos
outros sinais
III – VISUAIS/AUDITIVOS
vídeos digitais
filmes
softwares de apresentação verbal e visual (ex.: PowerPoint)
televisão
demonstrações
IV – HIPERTEXTO

A integração dessas plataformas, ou de parte delas, forma uma mensagem. Por exemplo, um texto verbal escrito pode remeter complementarmente a um vídeo, ou, ainda, um vídeo chamar a atenção para determinada campanha, estimulando o receptor/usuário a buscar o complemento da informação em textos escritos, galeria de imagens etc. Um recurso bastante inovador é o QR-Code, citado aqui a título de exemplo. Por meio de imagem pictográfica impressa em uma reportagem de revista ou em um *flyer* de lançamento imobiliário, o usuário utiliza um leitor instalado em seu aparelho celular para lê-la e tem acesso a vídeos, fotos e textos complementares.

A comunicação ascendente utiliza-se também dos métodos e de muitos canais de comunicação descendente. Porém, seu apoio maior está nos relatórios administrativos, nas opiniões, ideias, reclamações, queixas e principalmente sugestões dos funcionários. Os canais mais frequentes são, portanto, os orais e os escritos. Os primeiros arrolam os contatos pessoais, as conferências e as reuniões; e os segundos englobam os relatórios e o plano de sugestões. Esse plano tem a finalidade de coletar, com os trabalhadores, sugestões sobre procedimentos técnicos para racionalização e aprimoramento dos processos industriais. Regido por normas próprias nas quais se exige que as sugestões possam redundar em economia nos custos industriais, o plano é geralmente bem recebido por parte dos trabalhadores, que veem nele uma maneira de auferir um rendimento extra.

COMUNICAÇÃO LATERAL OU HORIZONTAL

Compreende o fluxo de informações entre escritórios, departamentos, seções, serviços ou pessoas situadas no mesmo nível da empresa. Tão importante quanto os dois anteriores, o fluxo horizontal é responsável pela coordenação e combinação das diversas posições e unidades, visando a um trabalho em conjunto. Esse fluxo usa também com frequência os canais orais e escritos: contatos diretos, reuniões, conversa telefônica, cartas, relatórios. E muitos canais descendentes, como instruções da direção ou das gerências, também veiculam informações que circulam em sentido horizontal. Certas normas da direção podem baixar até determinado nível hierárquico e daí passar por todas as posições dentro desse nível.

Maleka (1954, p. 128) considera o fluxo horizontal um subproduto da comunicação vertical (ascendente ou descendente) e explica:

Em alguma parte da estrutura organizacional, uma pessoa tem uma ideia. Talvez tenha falado a respeito dela com seus colegas (comunicação horizontal), talvez a tenha experimentado com seus subordinados (comunicação descendente) e então a tenha transmitido, como sugestão ou recomendação a seus superiores (comunicação ascendente). Seus superiores podem ter agido da mesma forma, fazendo com que a ideia, posteriormente, suba mais um degrau na hierarquia da empresa. Mais tarde, ela poderá ser formalizada, tornando-se assunto de memorando ou projeto enviado para comentário às várias divisões da organização (nova comunicação horizontal). No nível de direção haverá, certamente, uma conferência para ser tomada a decisão final. Para efetivá-la, talvez seja necessário distribuir boletins e manuais, ou fazer alguma coisa semelhante.

Depreende-se que a comunicação lateral ou horizontal inicial só foi efetivada quando assumiu as características de comunicação vertical (o experimento com os subordinados – comunicação descendente; a sugestão aos superiores – comunicação ascendente; a decisão final nova – comunicação descendente).

OS TIPOS DE COMUNICAÇÃO

Os fluxos, métodos e canais permitem que estabeleçamos diferentes tipos de comunicação na empresa, de acordo com os elementos relacionados e combinados por Maletzke (1970) para os atos comunicativos. São eles:

a) *Comunicação direta-recíproca-privada:* conversação entre dois gerentes ou dois funcionários.
b) *Comunicação direta-recíproca-pública:* uma assembleia geral com todos os funcionários, em que cada um exporá publicamente ao gerente, por exemplo, problemas existentes na empresa.
c) *Comunicação direta-unilateral-privada:* uma conferência do diretor para um grupo de gerentes.
d) *Comunicação direta-unilateral-pública:* um discurso do presidente para todos os funcionários por ocasião do aniversário da empresa.

e) *Comunicação indireta-recíproca-privada:* conversa entre dois funcionários por telefone.
f) *Comunicação indireta-recíproca-pública:* troca de ideias entre um superior e subordinados por meio da publicação da empresa.
g) *Comunicação indireta-unilateral-privada:* um comunicado interno, escrito, de um gerente para um supervisor.
h) *Comunicação indireta-unilateral-pública:* comunicação coletiva: mensagens transmitidas por meio de publicações para empregados.

O MODELO SISTÊMICO

Restaria, nesse ponto, a tentativa de conceituar o leque sistêmico coberto pela comunicação organizacional. Podemos dizer que ela abrange o espectro de atividades de imprensa, relações públicas (empresariais e governamentais), propaganda (mercadológica e institucional), editoração, identidade visual e programas relacionados à captação, ao armazenamento, à manipulação e à disseminação de informações. Nesse sentido, um novo setor agrega-se às estruturas de comunicação, o de análise das mídias sociais, bem como a do gestor/editor de conteúdo, que desdobrará uma mensagem em comunicação textual, de vídeo, de infográfico etc. Também a editoração passa a incorporar a figura do *webdesigner* e do ilustrador/infografista. Todavia, permanece o foco da comunicação organizacional em assegurar fluxos regulares de informação entre a organização e seus públicos, de forma a manter o equilíbrio do sistema empresa e/ou da organização.

Em termos operacionais, as atividades de comunicação empresarial estabelecem relações entre a empresa e os sistemas político-social, econômico-industrial e normativo-interno, como já vimos.

O modelo de comunicação empresarial, dentro do sistema capitalista, ganha impulso no bojo da efervescência social, deflagrada nos Estados Unidos após a grande depressão de 1929, momento em que o nascente e forte movimento sindicalista passou a exigir das empresas um realinhamento estratégico.

A fase do *take-off* (decolagem) do modelo vai ocorrer após 1945, quando a tecnologia começa a avançar em muitos países do Ocidente, fazendo aparecer indústrias modernas e expandir consideravelmente o consumo de bens não duráveis. Por muito tempo, a comunicação empresarial esteve limitada ao desenvolvimento de tarefas específicas, seja de relações públicas, seja de imprensa ou publicidade. Hoje, seu escopo sistêmico concretiza-se pela somatória de atividades, não devendo, portanto, ser confundida como sinônimo de relações públicas, porquanto esta constitui apenas uma das áreas da comunicação a serviço da organização.

A comunicação empresarial sistêmica dá unidade a um conceito de empresa, harmonizando interesses, evitando a fragmentação do sistema e promovendo, internamente, sinergia negocial e, externamente, comportamentos e atividades favoráveis à organização.

É importante salientar os contornos do que deve ser a comunicação empresarial nos dias de hoje. Podemos verificar que muitos países vivem um estágio pós-consumo de massa, com situações que apontam para o movimento das causas humanistas, os movimentos questionadores dos jovens e das minorias sociais, as organizações grupais e as tendências comunitárias voltadas para o conceito de autogestão técnica – cujo objetivo consiste em uma comunidade determinar seus fins e propor os meios adequados para consegui-los.

Nesse contexto, no qual se observa igualmente uma crescente interdependência da economia mundial, o modelo de comunicação organizacional deve promover a reunião de duas propostas que, historicamente, sempre estiveram separadas: a comunicação com fins mercadológicos e a comunicação com fins institucionais.

Em termos práticos, isso significa reunir ideias de qualidade de produto ao escopo de confiabilidade de quem produz, tentando-se evitar as imagens parciais oferecidas pelas estratégias publicitárias e de promoção de vendas, substituindo-as pela apresentação de uma "imagem global de empresa/produto".

6. COMUNICAÇÃO NAS ORGANIZAÇÕES E AMBIENTE EXTERNO

UMA VISÃO INTERNACIONAL

Os enfoques tradicionais da comunicação organizacional festejam, abundantemente, os aspectos sociopsicológicos inerentes ao comportamento humano nas organizações, porém dão pouco destaque à análise do macroclima ambiental. A teoria contingencial das organizações demonstra que variáveis organizacionais se inter-relacionam de modo complexo e mantêm intercâmbio com as condições ambientais. Portanto, o estudo do meio ambiente é medida preliminar quando se pretende tratar do planejamento da comunicação empresarial e institucional.

Tentemos, pois, relacionar a comunicação empresarial com a evolução da sociedade nos últimos decênios.

Os impactos sociais e tecnológicos dos conflitos mundiais deram margem à passagem histórica da industrialização de massa para a fase de conscientização de massa. Analisando a evolução do desenvolvimento econômico de inúmeros países ao longo dos últimos 200 anos, Walt Rostow, do Massachusetts Institute of Technology, identificou cinco estágios que, analogicamente, utilizamos para a compreensão evolutiva do sistema de comunicação externa das organizações, conforme a boa análise de Gracioso (1975).

No estágio inicial de "preparação da decolagem", as atividades produtivas são limitadas e empíricas, a ênfase é dirigida para a agricultura ou pecuária, a mobilidade social é mínima e o sistema de comunicação é, por consequência, muito limitado. No estágio da sociedade tradicional, em fins do século XVII e princípio do século XVIII, na Europa, surgem os primeiros empreendedores dispostos a investir e começa a aparecer um modelo mais organizado de comunicação. No estágio da "decolagem", os obstáculos são vencidos, aumentam-se as poupanças e os investimentos, aplicam-se novos métodos de produção e a economia alça voo, como ocorreu entre 1800 e 1900 na Europa, nos Estados Unidos e no Japão.

Surgem, nessa época, os modelos de comunicação com fins mercadológicos e institucionais. No estágio da maturidade, a tecnologia moderna avança em todas as frentes, as bases econômicas mudam radicalmente, surgem novas indústrias e o consumo de bens não duráveis expande-se em taxas geométricas.

Nessa fase, as empresas acionam mecanismos de comunicação em larga escala, investigam o mercado e criam modelos avançados de comunicação institucional, principalmente pela utilização de estratégias de relações públicas. No estágio do consumo de massa, que é a fase da pós-maturidade econômica, alguns países, como os Estados Unidos, os países escandinavos e o Canadá, começam a rumar em direção à etapa econômica suprema. Expandem-se aceleradamente os sistemas de comunicação, avolumam-se as verbas publicitárias, fomentam-se os mecanismos do marketing, multiplicam-se os programas e as campanhas subliminares. As organizações passam a orientar-se em função das oportunidades atuais e potenciais do mercado, e isso pressupõe o conhecimento cada vez mais perfeito das leis econômicas, sociais e psíquicas que regulamentam o comportamento do consumidor, conforme lembra Gracioso (1975).

Nos anos 1980, muitos países passaram a viver um estágio além do consumo de massa, com seus contornos dimensionados pelos movimentos questionadores dos jovens, "pelo reavivamento do culturalismo europeu e o lento declínio do pragmatismo anglo-saxão, a derrubada dos dogmas religiosos e um questionamento das modernas sociedades de consumo pelos humanistas" (Gracioso, *ibidem*, p. 18). Aos humanistas repugna a ênfase que a consumocracia dá aos valores materiais, surgindo, a partir dessa visão, conflitos com o sistema industrial. O crescimento das empresas passou a depender da ampliação ou da manutenção em alto grau da capacidade de consumo do mercado, gerando a necessidade de os dirigentes empresariais se utilizarem dos poderosos meios de comunicação para estimular esse mercado a consumir cada vez mais.

Hoje, no entanto, um novo aparato tecnológico revoluciona o ato comunicativo e transforma os antigos canais e linguagens em protagonistas do sistema de comunicação, ao gerar novo campo de emergência de demandas e de situações com as quais as organizações têm de lidar. Mais do que estimular o mercado, é preciso compreender em detalhes para onde se movimentam os mais diferentes grupos que compõem a chamada opinião pública, climatizando as redes tecnológicas de forma que elas processem a identidade, a linguagem e os objetivos da empresa, ao mesmo tempo que se tornam capazes de dar respostas a expectativas que se reinventam a cada dia, a cada hora. Assim, o profissional da comunicação incorpora automaticamente o novo papel de analista de mídias digitais, ao mesmo tempo que usa e domina plataformas analógicas convencionais e também digitais, um trabalho híbrido.

MECANISMOS DE AJUSTE

No quadro das transformações, a comunicação empresarial e, posteriormente, de forma extensiva, a organizacional procuraram posicionar-se como mecanismo de ajuste entre grupos sociais, como atividade que visava à adaptação de homens e instituições às necessidades da vida moderna e como meio para formar um consenso acerca do sistema organizacional.

Dois fenômenos, a nosso ver, passaram a ditar a necessidade de um modelo mais completo de comunicação nas empresas:

1. o despertar da consciência de participação do cidadão comum, num esforço de elevação do espírito individual; e
2. a tentativa dos dirigentes empresariais e governamentais de iniciar uma nova fase na vida de suas instituições, a fase da informação responsável, necessária para a obtenção do consenso entre os empregados, os liderados, a comunidade e os consumidores em geral.

Percebeu-se que os fenômenos sociais e a maneira de viver não se regem apenas pela economia, como por muito tempo se acreditou. Dentro desse novo universo de relações, a expressão "crescimento econômico" cedeu, progressivamente, lugar ao termo "desenvolvimento socioeconômico". No lado das organizações, os dirigentes começaram a tomar consciência de que os objetivos de suas empresas não são apenas o lucro, na medida em que o exercício de sua responsabilidade social garante e viabiliza a continuidade e a expansão organizacional, sem as pressões e resistências sociais. Constataram, igualmente, que são tributários do meio ambiente, dependem de consumidores que, eventualmente, podem contestar o produto fabricado e, desse modo, passam a relacionar a sobrevivência e o crescimento de suas empresas a aspectos fundamentais da vida (a destruição da natureza ou da paisagem, as condições de vida do meio ambiente, a urbanização das cidades, a promoção cultural etc.). É oportuno lembrar que o conflito social saiu da antiga esfera de embates entre patrões e empregados para ganhar foros mais amplos, principalmente nos sistemas políticos abertos. A adequada análise desse fenômeno implica observar o caráter internacionalista da economia e as consequências que o problema da dependência econômica gera para as sociedades mundiais.

Nos regimes abertos, as situações de crise geram, periodicamente, movimentos reivindicatórios, pressões insustentáveis, que, por seu lado, detonam uma dinâmica própria e multiplicam os graus de tensão. Nesse contexto, a organização empresarial constitui um importante elo da questão social que tem como seus outros dois polos o poder econômico e o poder político. Como célula fundamental da sociedade, célula que cria trabalho, gera empregos e um excedente de riquezas, por sua interdependência com o sistema social, a empresa fatalmente trilha os mesmos caminhos percorridos pela sociedade.

Que direcionamento dar à comunicação empresarial para ajustar a empresa? A comunicação deve ser organizada no sentido de se transformar na tuba de ressonância de uma visão integrada de sociedade. Nesse caso, procurará criar fluxos irradiadores de opinião com seus participantes, consumidores e centros de decisão, de maneira sistêmica, harmoniosa e uniforme, a fim de atenuar seus riscos operacionais.

Em termos históricos, temos observado um crescente interesse social pela comunicação empresarial. Do final do século XIX até a Segunda Guerra Mundial, a comunicação foi considerada uma necessidade para as organizações. Nas duas últimas décadas do século XX, já era perceptível que a sociedade exigia ser informada com objetividade e transparência. Essa "sociedade exigente" está voltada cada vez mais para sua autogestão técnica, pela qual promove a autodeterminação de seus fins e a procura adequada de meios para implantá-los. Os grupos organizados que defendem, por exemplo, uma paisagem, certa concepção de vida são alguns dos exemplos de autogestão técnica da sociedade moderna.

Para atender aos movimentos de pressão social, a comunicação certamente deverá se ajustar à dinâmica dos novos tempos, procurando se apoiar em elementos de verdade. Não é o caso de a empresa simplesmente acionar os mecanismos da clássica publicidade institucional, apresentando seus méritos e suas qualidades. A nova comunicação, agora atrelada à realidade, criará e desenvolverá um conceito perene de organização, sem os riscos do artificialismo, gerados pela publicidade ortodoxa, e sem os exageros que enaltecem seu perfil.

EFEITOS INTERNOS E EXTERNOS

O realinhamento que se propõe para a comunicação organizacional tem consequências para duas grandes categorias de mensagens: as internas e as externas. Inicialmente, ela repercute sobre o nível interno, permitindo a criação e manutenção de um fluxo de informações que acolha todos os setores organizacionais, de modo a compor um fluxo ágil e adequado de captação, tratamento e disseminação de mensagens.

A nova comunicação, fruto do clima externo, incidirá principalmente sobre a eficácia, passando a ditar maior rapidez, clareza na transmissão de mensagens e bilateralidade, o que significa maior engajamento e participação dos empregados nos processos operacionais.

Nos momentos de crise, sabendo-se que as tensões internas propiciam condições para a contestação dos valores empresariais, o sistema de comunicação será um dos melhores instrumentos para atenuar conflitos. O compromisso empresarial será o de estabelecer uma política de comunicação calcada em princípios de verdade, na medida em que a manipulação e o escamoteamento de fatos acarretarão, inexoravelmente, terríveis prejuízos.

Na área externa, o sistema de comunicação empresarial deverá irradiar informações integradas aos compromissos de desenvolvimento e identificadas com as aspirações dos consumidores. Esse tipo de informação já caracteriza a postura das modernas organizações internacionais, como mostra Ress (1975)[3].

Com os concorrentes, dentro do sistema competitivo, propomos uma estratégia de comunicação calcada em princípios éticos que impeça conflitos operacionais, aliás, muito comuns nos dias de hoje. Conflitos do tipo propriedade de marcas podem trazer prejuízos para as organizações competidoras, devendo o sistema de comunicação salvaguardar a ética dos negócios.

Com os grupos que habitam a região geográfica onde, por exemplo, está sediada uma unidade industrial, sugerimos uma estratégia comunicativa permeada pela sensibilidade, de modo que suas preocupações e aspirações em determinadas circunstâncias venham a ser as mesmas da organização.

Com os consumidores e os grupos especializados da sociedade, indicamos a formação de um fluxo em duas mãos para que a organização capte as reais necessidades e anseios e possa transmitir com fidelidade seu escopo e cultura.

Com os centros de decisão política, propomos a criação de permanente intercâmbio de ideias a fim de que os representantes políticos percebam as necessidades e os objetivos empresariais.

Para segmentos internacionais, a organização também precisa criar um fluxo de informações, estabelecendo, assim, importante medida diplomática para fomentar seus negócios. Um sistema organizacional de comunicação internacional, preliminarmente, preocupar-se-á com mensagens de caráter econômico. As empresas globais, por exemplo, que se caracterizam por uma extrema capacidade de adaptação possuem modelos que apresentam traços como estes:

---

3. Alvin H. Ress, com seu livro *Responsabilidade cultural da empresa* (1975), com prefácio de Alvin Toffler e tradução de Noé Gertel, demonstra que o velho refrão de muitos empresários e analistas econômicos, de que a única responsabilidade social da empresa consiste em aumentar os lucros, começa a ser vivamente contestado por empresários novos e culturalmente esclarecidos.

- forte identificação com os valores das sociedades em que opera;
- significativo empenho em criar um conceito de qualidade, denotando um crescente aporte de verbas destinadas à chamada publicidade institucional ao lado das volumosas verbas para a publicidade de produtos;
- estruturas de comunicação em nível de diretoria, posição que demonstra a importância atribuída ao setor;
- grande sensibilidade para o planejamento de estratégias comunicativas em épocas de crise.

PAÍSES EM DESENVOLVIMENTO

As políticas básicas de comunicação são políticas sociais. E dificilmente poderiam ser de outro modo, visto ser a comunicação processo fundamental da sociedade. Essa definição traduz, sinteticamente, o conceito de como se constitui uma política de comunicação em países em desenvolvimento. A comunicação deve refletir as bases da sociedade para a qual opera. A comunicação empresarial não pode fugir a esse axioma.

Constata-se, nos países em desenvolvimento, profunda desigualdade na distribuição das estruturas da informação, situação que nos anos 1980 mobilizou forças e órgãos, como a Unesco, no sentido de estabelecer um novo sistema de informação que viesse a corrigir as situações de injustiça, eliminar as desigualdades e melhorar as relações de comunicação coletiva. Lembramos, a propósito, a opinião de Amadeu Mahtar Mbow (1980), então diretor-geral da Unesco:

> Os países em desenvolvimento querem ter a chance de expressar sua própria posição nas questões mundiais... quando foram formadas agências de notícias nos Estados Unidos, isto ocorreu porque os americanos achavam que as agências europeias monopolizavam a divulgação de notícias, e suas opiniões não tinham vez... os países em desenvolvimento estão dizendo a mesma coisa, hoje, o que não quer dizer que as agências tenham de trabalhar na mesma direção. As agências dos países em desenvolvimento deverão ter, também, o direito de trabalhar nos países desenvolvidos.

A grande maioria dos países da África, Ásia e América Latina não dispunha, até há pouco tempo, de estruturas mínimas de comunicação para atender às suas necessidades, mantendo com os países avançados situação de grande inferioridade. Partindo dessa realidade, a Unesco pregou a criação de uma nova ordem informativa internacional que abrigasse novas fronteiras conceituais e jurídicas e melhor distribuição de recursos. Ela defendia uma política de telecomunicações, maior controle dos conteúdos importantes para divulgação, principalmente pelo rádio, televisão e cinema, e o uso mais racional e adequado das verbas publicitárias. Os objetivos eram de evitar o superdimensionamento do noticiário internacional, valorizar o noticiário nacional e regional, controlar melhor a propaganda de produtos considerados nocivos à saúde, incrementar as mensagens educativas e culturais e estabelecer uma posição ética para as campanhas dos chamados produtos supérfluos.

A análise das consequências de tais medidas sobre as empresas sugere a aplicação de modelos estratégicos de comunicação que possibilitem a criação de um tipo de empresa e/ou organização mais condizente com a cultura dos países. Entre os pontos fortes desse modelo, estão: destaque aos valores nacionais; abandono definitivo do enfoque paternalista que marcou, por muitas décadas, a ação empresarial; realce da responsabilidade cultural e social; prioridade à comunicação institucional; normas éticas para a comunicação mercadológica; e humanização interna por intermédio de programas que permitam manifestações sociopsicológicas dos empregados.

Isso trouxe, consequentemente, maior valorização aos projetos de comunicação, na medida em que a informação, conforme lembrava Drucker (1979, p. 125-27), nos anos 1970, era vista como o grande fundamento da produtividade:

> O conhecimento tornou-se o principal fator de produção numa economia avançada e desenvolvida... o conhecimento é atualmente o custo principal, o principal investimento e o principal produto da economia... a aquisição sistemática e deliberada de informações e sua aplicação sistemática, em lugar da ciência ou da tecnologia, estão se transformando no novo fundamento do trabalho, da produtividade e dos esforços em todo o mundo.

Nos compêndios sobre a administração, Drucker (1979) defendeu o princípio de que o empregado com conhecimento tende a ser muito mais bem pago que o empregado manual e a ter mais segurança no emprego. O conhecimento, assim, torna-se o custo central da economia. E o centro das preocupações volta-se para o empregado com conhecimento, que aplica ao trabalho ideias e não apenas habilidade manual ou força muscular.

UMA VISÃO BRASILEIRA

Tentemos, agora, visualizar o contexto brasileiro. A primeira visão que se tem da estrutura econômica do Brasil é a da grande diferenciação existente entre as várias regiões do país, quadro que começou a ser revertido um pouco a partir dos anos 2000. Éramos um imenso território, com uma unidade política mas descontínuo e heterogêneo do ponto de vista geoeconômico. Subdesenvolvido, como diria Villaça (1967), porque se encaixava em todos os padrões e conceitos de subdesenvolvimento, seja por sua capacidade de utilizar mais capital, mais mão de obra ou ambos em conjunto para obtenção de padrões de vida mais elevado ou pela relação entre população total e população industrial, pelo maior ou menor rendimento *per capita* ou pelo critério da predominância das atividades econômicas primárias. Em via de desenvolvimento, como diziam os economistas governamentais, empenhados em projetar o futuro do país ao lado das grandes forças emergentes da industrialização mundial, apoiados, para chegar a essa conclusão, no modelo sofisticado de industrialização do Sudeste do país, considerado, em alguns setores, tão avançado quanto o dos países desenvolvidos. Agora, situa-se geopoliticamente entre os emergentes, ajudando a compor os Brics, e, ao lado de Rússia, Índia, China e África do Sul, procura ter peso sobre as decisões da ordem econômica mundial.

Profundo desequilíbrio demográfico, acentuada preferência pelas zonas urbanas nas três regiões geoeconômicas do país (Norte-Centro, Nordeste-Leste e Sul), situação geográfica e o clima prejudicando o desenvolvimento da economia na porção Nordeste caracterizaram historicamente o Brasil.

A partir de 1905 começou a evoluir a industrialização do país. De 1910 a 1919 tomou forte impulso, graças ao estímulo provocado pela guerra. Predominava a fabricação de produtos alimentícios e inexistia a indústria pesada. Por volta de 1923 restabelecia-se, com ânimo, o comércio internacional e o Brasil fazia prosperar sua lavoura cafeeira. A crise de 1930 pouco afetou a indústria nacional, incidindo, principalmente, sobre o café, que deixou de ter preço no mercado internacional. Com a Segunda Guerra Mundial, grandes transformações afetaram a estrutura econômica. A concentração das importações evidenciava o fato de a maior parte delas se constituir de manufaturas, devido à necessidade do país de importar máquinas, ferramentas e utensílios diversos.

Concentrava-se a indústria no Sudeste, tendo São Paulo como centro, o que provocou o adensamento demográfico nessa região, aumentando o desequilíbrio da população brasileira. Com esse problema, surgiram outros, como falta de centros produtores de combustíveis, distância de matérias-primas para indústrias, principalmente alimentícias, deficiência de estradas de ferro, ausência de mão de obra especializada e inexistência de uma consciência empresarial.

Esse conjunto de problemas – geográficos, socioculturais e econômicos – repartiu o país em economias diferenciadas, a ponto de poder identificar, ainda hoje, os diversos tipos de economia que se sucederam com o tempo.

Desequilibrado nos vários setores e regiões e profundamente dependente da economia mundial, principalmente em relação a combustível, o Brasil não apresentava homogeneidade (Villaça, 1967) até o final do século XX.

Até a década de 1950, o sistema produtivo brasileiro ligava-se às economias capitalistas centrais como exportador de produtos agrícolas e importador de produtos industrializados. Esse modelo econômico agrário-exportador sedimentou as bases de um processo de industrialização, que apareceu via substituição de importações, a partir de 1930, ganhou força com a aceleração da urbanização e passou a ser politicamente moldado por meio de pressões de classes médias e assalariadas, desembocando em 1950 num projeto nacionalista.

No Brasil, o petróleo assumiu a grande bandeira do nacionalismo-populista. Mas, a partir de 1950, o sistema capitalista mundial passava por grandes transformações. Reconstruída a Europa do pós-guerra, o capital internacional voltava-se para os países dependentes, não mais como capital comercial-financeiro, mas sob a forma de capital industrial e tecnológico.

Procuravam-se países que dispusessem de recursos naturais, mão de obra barata, infraestrutura de comunicações e transporte, mercado consumidor razoável e um cenário adequado para a implantação dos grandes conglomerados multinacionais. Voltaram-se para a produção de bens de consumo duráveis e apareceu o modelo industrial monopolista internacional com imensa superioridade financeira, tecnológica e administrativa.

Entre 1963 e 1967, a economia brasileira atravessou uma fase de recessão econômica (1964-1967), ditada em parte pela política oficial visando ao controle da inflação provocada por "excesso de demanda". A partir de 1968, começou uma nova fase de expansão, prolongada até 1974.

No período 1963-1967, a queda da taxa de crescimento do PNB deveu-se ao arrefecimento da dinâmica do setor industrial, apesar de nem todos os ramos terem sido afetados. Sofreram mais as empresas produtoras de bens de consumo não duráveis e as de bens de capital, sendo menos atingidos os ramos de consumo duráveis, como os automóveis e eletrodomésticos. Aliás, por força das medidas que visavam imprimir uma nova estrutura de financiamento à economia – criação do Banco Central, regulamentação do sistema financeiro, instituição da correção monetária –, os ramos de bens duráveis passaram a crescer. De 1968 a 1973, recupera-se a economia de recessão. O crescimento da produção é resultado da absorção da capacidade ociosa originária da recessão.

No campo das relações com o comércio internacional, os superávits do balanço de pagamentos permitiram a expansão de bens de capital e de matérias-primas. Com a expansão intensa do capital internacional, na década de 1960 e início da década de 1970 grandes empréstimos e financiamentos foram concedidos ao Brasil.

Esse modelo econômico teve, nas multinacionais, um forte ponto de apoio. Sua superioridade sobre as empresas nacionais pôde ser constatada, por diversos ângulos, conforme mostra Freire (1980): por seu prestígio, puderam mobilizar os capitais necessários à realização de grandes projetos, passaram a deter o monopólio da pesquisa no mundo capitalista e a dominar técnicas muito avançadas, suas maneiras de gestão foram elaboradas de acordo com critérios de racionalização muito estritos e sua produção contribuiu significativamente para aumentar a pauta de exportações. Com essas divisas, os governos puderam liquidar algumas dívidas e sustentar o ritmo das importações.

Com a implantação das multinacionais no Brasil, que começou desde 1950, a atividade econômica cresceu orientada para o consumo interno. A expansão efetiva do mercado brasileiro, como reconhece Freire (1980), apesar de seu baixo poder aquisitivo, oferecia sempre a possibilidade de absorver grandes quantidades de bens elementares que a população deve obrigatoriamente consumir para sobreviver. Porém, com a integração do modelo à economia internacional, a capacidade de produção se ressentiu porque faz parte do todo global. As bases do modelo começaram a dar sinais de fraqueza. O quadro se completa com a intervenção do Estado na economia[4].

Em termos políticos, a principal característica do modelo foi o autoritarismo, que se manifestou pela concentração de poderes no núcleo executivo do Estado, em detrimento do Poder Legislativo, que continuou a funcionar, mas com muitos limites.

A partir da metade dos anos 1980, o contexto político mudou radicalmente, com a redemocratização do país. Já no campo econômico, iniciou-se o processo de abertura às importações, além da descentralização das indústrias para centros urbanos do Sul, Centro-Oeste e Nordeste, além da expansão do agronegócio em direção a novas fronteiras agrícolas. Com isso, o desequilíbrio geográfico tornou-se menor e o consumo de bens duráveis e não duráveis atingiu escalas superlativas. Houve ainda grande mobilidade social entre as classes socioeconômicas, com forte migração da classe D para a C, e daqueles em situação de miséria ou extrema pobreza para as classes E e D.

---

4. A respeito da intervenção do Estado na economia, convém lembrar a série de reportagens publicadas pelo *Jornal da Tarde*, do grupo *O Estado de S. Paulo*, intitulada "República Socialista Soviética do Brasil". Foram mais de 20 reportagens, entre 1/8/1983 e 30/8/1983, envolvendo temas como déficit das estatais, regime administrativo, negociatas e escândalos, custos de projetos de pensão e privatização das estatais.

A INDÚSTRIA CULTURAL

Dentro desse panorama é que floresceu a indústria cultural. Se fôssemos aplicar o referencial de Walt Rostow acerca dos estágios de desenvolvimento – preparação da decolagem, a sociedade tradicional, a decolagem, a luta pela maturidade e a era do consumo de massa – por que passa o Brasil, certamente poderíamos chegar às seguintes comparações:

- As áreas mais prósperas do Centro-Sul entraram na fase de decolagem durante o pós-guerra, enquanto outras, como parte do Nordeste, começaram a conhecer esse processo somente a partir dos anos 1990/2000.
- Grandes áreas do Centro-Sul, além de certos bolsões isolados no restante do país, já viviam uma fase de maturidade econômica e agora exibem elevados padrões de renda, produção e consumo.
- Esses patamares também alcançaram novos bolsões de São Paulo e do Rio de Janeiro, os quais vivem a plena era do consumo.

Certos segmentos apresentam forte crítica social, assemelhando-se aos grupos e às minorias europeus e norte-americanos e entrando na fase que se convenciona chamar de pós-consumo. Essas minorias questionam o consumismo, defendem a preservação da ecologia e engajam-se nos movimentos contra as discriminações raciais, étnicas, religiosas e sexuais. Constituem polo importante no combate às estruturas que sustentam a indústria cultural, representativa do estágio consumista. Delinear os contornos dessa indústria faz parte de um bom planejamento em comunicação empresarial. Vejamos como evoluiu essa indústria.

Seu nascimento ocorreu na passagem do século XIX para o século XX, com o aparecimento em São Paulo e no Rio de Janeiro dos primeiros veículos de comunicação, organizados comercialmente. A publicidade, como fonte de financiamento, alterou a maneira de fazer jornal e marcou um posicionamento desse meio de comunicação como polo do poder econômico. Imitava-se o modelo norte-americano. Na década de 1920 apareceu o rádio, que, já na década de 1930, acompanhando o surto de industrialização, assumiu a função de promotor comercial, seguindo o modelo geral do jornalismo com bases empresariais.

Nas décadas de 1940 e 1950, surgiram as primeiras cadeias monopolistas de comunicação. A televisão apareceu na década de 1950. Sob uma visão culturalista de início, mudou a orientação para uma programação voltada à perspectiva mercadológica, com a finalidade de satisfazer a maior parte do público, como lembra Sodré (1977). A arrancada desenvolvimentista que se processou, na década de 1950, sustentada pela aliança heterogênea de classes do pacto populista e tendo como núcleo ideológico a bandeira do nacionalismo, na realidade se fazia em nome do grande capital nacional e estrangeiro das multinacionais. Em 1964, com a aliança entre os setores modernos da classe média (tecnoburocratas), a burguesia nacional e a internacional, institui-se o que Bresser Pereira chama de Estado Tecnoburocrático, que dirige a economia e aponta as políticas para a indústria cultural. Com o Ministério das Comunicações e a modernização da infraestrutura de comunicações, o Brasil associa-se ao sistema internacional de comunicação, via satélite, implanta o sistema nacional de micro-ondas, permitindo a transmissão simultânea de programas de televisão para todo o território, e consolida sua indústria cultural.

O Estado transforma-se em grande anunciante, investindo maciçamente em publicidade, além de apoiar a indústria cultural na forma de empréstimos e aval para a aquisição de equipamentos e ampliação de instalações. Ao mesmo tempo, expande as bases de controle da indústria cultural por meio de mecanismos legais que preveem penas rigorosas para delitos de opinião.

As empresas privadas, incentivadas pela concorrência que a própria indústria cultural alimentou, passaram a aplicar imensas verbas publicitárias nas grandes cadeias jornalísticas, promovendo um elo de interesses dos grandes: o poder econômico e o poder cultural, conforme demonstra Mota (1977). A mensagem ideológica da indústria cultural praticamente se assentou sobre os valores defendidos pelo Estado, entre eles a estabilidade política, a eficiência econômica, a criatividade tecnológica, a lógica do mercado, as vantagens do consumismo, a defesa da democracia, a segurança nacional, a crença na capacidade pessoal para resolver problemas e a educação como forma de ascensão social.

A ideologia do consumismo ganhou força na indústria cultural na medida em que esta passou a depender mais estreitamente da publicidade. Essa ideologia vaza não apenas por meio dos comerciais, mas pelo *merchandising* nos programas de televisão, nas promoções esportivas, nos programas de auditório, nos *shows* em amplos anfiteatros, no mercado de revistas especializadas e gerais, no sistema de transportes e, agora, nas interações por meio das redes sociais. Essa indústria cultural estimula em seu conjunto as aspirações do consumidor a alcançar formas de organização social e estilos de vida imitativos dos países industrializados, adotando-se um padrão global de consumo em torno de marcas e de bens altamente tecnológicos.

O fenômeno consumista em algumas regiões do país cresce em velocidade cada vez maior, denotando, de um lado, a existência de uma extensa rede de comunicação de massa e, de outro, uma grande vitalidade dos interesses e estratégias de propaganda institucional e de produtos, como se não houvesse riscos de o país sucumbir a crises como as que abateram Grécia, Espanha e Portugal. O Brasil é a sétima economia do mundo, superando a França e o Reino Unido.

O desenvolvimento da área eletrônica da comunicação de massa, principalmente TV e, mais recentemente, dispositivos móveis de telefonia e acesso a internet, tem sido extraordinário. Segundo dados do Ibope Media, em 2013 96% da população brasileira tinha acesso e assistia regularmente aos canais da TV aberta. De outro modo, 60% da população acessava a internet também com regularidade. Em outra pesquisa também realizada pelo Ibope, observou-se que entre os jovens 85% estavam na internet em 2014, buscando essa fonte primordialmente para informação e entretenimento, e 61% deles faziam o uso simultâneo de mais de uma mídia, comumente internet e TV, por exemplo. O mercado publicitário movimentou U$$ 51,8 bilhões no país em 2013, 58% do total investido em publicidade na América Latina no período[5].

---

5. Ibope Media. Disponível em: <http://www.ibope.com.br>. Acesso em: 13 jan. 2015.

Todo esse aparato está a serviço de um modelo comportamental, organizado pelos poderes superestruturais. Fenômeno interessante a se observar é o comportamento sociocultural ditado por todo esse sistema de comunicação, que, além da indústria convencional dos grandes *media* (como grupos de TV, rádio, jornais, revistas, produtores e distribuidores de filmes), envolve ainda as gigantescas e poderosas estruturas que gravitam em torno da internet, desde desenvolvedores de hardwares, softwares e aplicativos aos controladores das infovias (tráfego de dados na internet), servidores, serviços de hospedagem, provedores etc.

Tudo isso compõe uma nova indústria cultural e significa que as pautas e indicações socioculturais das pessoas refletem a observação de seu estilo de vida e os valores introjetados pela veiculação dessas estruturas. Por isso, estudar as necessidades decorrentes de um estilo apregoado pela poderosa máquina de comunicação da superestrutura é tarefa imprescindível para as empresas. No planejamento da comunicação, aconselhamos a leitura do ambiente com ênfase sobre as situações comportamentais.

7. ORGANIZAÇÃO DO SISTEMA DE COMUNICAÇÃO: ÁREAS E PROGRAMAS

A **PROPOSTA DE SETORIZAÇÃO** da comunicação nas organizações está relacionada à necessidade de assegurar eficácia aos atos comunicativos, reduzindo-se ao máximo os riscos devido à implantação de sistemas de comunicação. Condição fundamental para alcançar tal objetivo é definir claramente os limites dos comportamentos e atos comunicativos. Esses limites, como ensina Beltrão (1979), são ordenados em função dos seguintes fatores:

1. número e natureza dos elementos físicos do processo comunicativo;
2. maneira de utilização dos meios empregados para transmissão/recepção de mensagens;
3. caracterização dos receptores;
4. formas de elaboração e estruturação de mensagens.

Em função desse posicionamento e com a finalidade de dar cobertura a todos os aspectos que integram a fenomenologia da comunicação e respaldar as situações geradas pela teoria do consentimento, aplicada às organizações, sugerimos a classificação dos atos comunicativos nas seguintes áreas-chave:

a) área de comunicação cultural;
b) área de comunicação coletiva;
c) área de sistemas de informação.

ÁREA DE COMUNICAÇÃO CULTURAL

Um campo social inteiro de comunicação, como reconhece Cherry (1974), pode ser desmembrado em vínculos simples. É o que estamos fazendo ao sugerir esta primeira área. Partimos do princípio de que o ato de comunicação é, preliminarmente, uma complexa relação humana, um intercâmbio biopsicológico, determinado por fatores fisiológicos e psicológicos, gerando a passagem de mensagens, fruto da reflexão, da abstração e da verbalização do pensamento. Esse fruto é a cultura.

> A comunicação cultural é o processo verbal, mínimo, gráfico e tátil pelo qual os seres humanos exprimem e intercambiam ideias, sentimentos e informações, visando a estabelecer relações e somar experiências. (Beltrão, 1979, p. 56)

Antes, pois, de se constituir uma técnica e uma habilidade que podem ser desenvolvidas por treinamento, a comunicação é o reflexo da cultura humana. Ora, há na organização um imenso caudal de situações culturais que necessitam de um ordenamento e um direcionamento. Tais situações são tratadas classicamente pelas áreas da psicologia organizacional, do desenvolvimento organizacional, das relações industriais, de treinamento, entre outras.

A legitimação da autoridade, que constitui condição essencial para o consentimento nas organizações, há de passar, necessariamente, pela via da comunicação. Em termos de definição do mapa a cobrir o território de situações comunicativas, julgamos que a área de comunicação cultural poderá abrigar as relações que ocorrem nos níveis *intrapessoal, interpessoal* e *grupal*. Nesse caso, a comunicação cultural nas organizações trabalha no sentido do ajustamento e equilíbrio dos sistemas sociais internos, e sua preocupação fundamental está relacionada ao ajustamento do indivíduo consigo mesmo, com seus interlocutores e com os grupos. A área não exclui, em nenhuma hipótese, as funções próprias das disciplinas que se voltam para o estudo das capacidades locomotoras, sensoriais e psíquicas do indivíduo, nem procura esquecer as atividades e pesquisas realizadas por tais enfoques. Certamente estarão em sua competência situações de for-

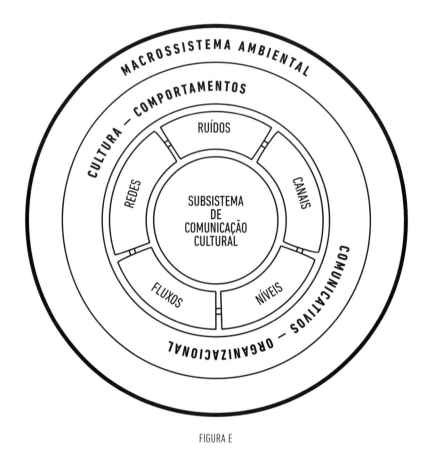

FIGURA E

mação das redes de comunicação, fluxos e níveis em que ocorrem comunicações (Figura E).

Para tornar mais visíveis os limites do mapa da comunicação cultural, lembramos as seguintes questões: como a organização deve se comunicar com os participantes diante de pressões insustentáveis do meio ambiente externo, sabendo-se que a rede informal de comunicação age, nesses momentos, como força de restrição aos objetivos organizacionais? Como promover maior intercâmbio comunicativo usando-se os modelos das redes de comunicação? Como desobstruir canais de comunicação intergrupal (áreas de atrito, conflitos de poder e competência etc.)? Como melhorar habilidades comunicativas nas interlocuções e nas comunicações diretas unilaterais públicas?

Iguais a essas, muitas outras situações podem ser avaliadas, analisadas e orientadas pela área de comunicação cultural da organização. Porém, outro fenômeno necessita de tratamento prioritário pela área de comunicação cultural da organização. Trata-se das atividades (pesquisa, análise, sugestões) relacionadas a situações de comunicação, geradas pela rede formal. Se atribuirmos, preliminarmente, o estudo da comunicação informal à área de comunicação cultural, pressupondo a relação simbiótica com a cultura social, devemos vincular à mesma área o estudo da cultura organizacional. Essa cultura é o amálgama das políticas, das estratégias, dos posicionamentos, das normas e atitudes da organização utilitária, e é passada para seus participantes, via rede formal de comunicação, constituída por um leque variado de canais, entre eles os formulários, as cartas, os memorandos, os relatórios de desempenho, as mensagens eletrônicas, os *folders* os folhetos, jornais e revistas, os cartazes, impressos de modo geral, e também pela farta pauta de reuniões formais entre chefes e subordinados, ou entre elementos do mesmo nível funcional.

Pretendemos, com essa proposta, garantir o estudo sistemático da cultura organizacional, que necessita ser percebida, captada, tratada (em nível de códigos), transmitida e novamente recuperada. Sugerimos o uso adequado do modelo de comunicação para estudar a cultura organizacional, que não tem sido devidamente analisada. Não conhecemos pesquisas sérias com o fito de descobrir comportamentos essenciais de comunicação. Há um amplo acervo de pesquisas comportamentais na organização que utilizam basicamente referencial de psicologia organizacional.

Para clarificar, apresentamos exemplos de perguntas que mostram os limites do mapa cultural da organização: como atenuar as distâncias entre os objetivos organizacionais e os objetivos dos participantes quando a cultura organizacional tende ao fechamento comunicacional? Como evitar o aparecimento de redes informais de comunicação que surgem em decorrência de uma cultura organizacional plasmada à imagem e semelhança de castas que, para conservarem poder e *status*, fecham os circuitos de comunicação, entupindo o fluxo descendente? Como melhorar relações ambientais internas quando a estrutura planejada para a gestão administrativa sugere a supremacia de algumas áreas sobre outras – apesar de essas áreas se situarem no mesmo nível funcional – e permite que os climas pessoais interfiram sobre os climas estruturais? Como melhorar as comunicações ascendentes formais com o fito de passar retroalimentação ao *top* decisório, dentro de espaços mínimos de tempo?

São tarefas que exigem imensos desafios. A cultura organizacional precisa ser administrada sob a ótica comunicativa. São respeitáveis os esforços dos profissionais de recursos humanos para lidar com a situação. Há até mesmo no mercado brasileiro profissionais com visão altamente esclarecida para o problema, mas constituem exceção.

Condizente com esse quadro, divisamos as seguintes tarefas para a área de comunicação cultural:

- estudo das comunicações informais;
- estudo das comunicações formais;
- estudo dos fluxos de comunicação;
- estudo dos níveis de comunicação;
- estudo do laço (*loop*) da comunicação;
- análise das pesquisas sobre climas para direcionamento de estratégias comunicativas no sistema social interno;
- estudo e análise dos ruídos provocados na rede de comunicação formal;
- habilidades comunicativas das fontes e dos receptores;
- estudo dos canais;
- análise e pesquisa do universo vocabular do meio interno.

ÁREA DE COMUNICAÇÃO COLETIVA

Essa área comporta todos os atos de comunicação indiretos, unilaterais e públicos, de acordo com a classificação de Maletzke (1970). Ou, como ensina Beltrão, nessa área o comunicador é sempre grupal (instituição ou pessoa institucionalizada); o meio é sempre transformador (codificador/decodificados) porque artificial, mecânico, elétrico/eletrônico; o processo de emissão/recepção é sempre indireto; e o destinatário é, em última instância, a audiência, definida como uma massa heterogênea, amorfa e anônima em relação ao comunicador. Esse conceito atravessa mudanças com as redes tecnológicas da internet, que propiciam *feedback* imediato entre fontes e receptores.

7. ORGANIZAÇÃO DO SISTEMA DE COMUNICAÇÃO: ÁREAS E PROGRAMAS

Essa área cobre as tradicionais atividades e os serviços da comunicação coletiva, constituindo-se no principal polo de formação da imagem institucional das organizações. A irradiação de mensagens volta-se tanto para os circuitos internos quanto para os externos. No primeiro caso, tratamos dos públicos internos, que assumem a posição de uma audiência heterogênea, dispersa, numerosa e anônima em relação ao comunicador. Esse ponto de vista é endossado por Weiss (1971, p. 77), com a explicação de que as empresas industriais, de porte médio para cima, revelam uma composição de audiência heterogênea e "as diferenças entre *mass media* e comunicação de empresa são menores do que se pensa".

Os objetivos gerais da área de comunicação coletiva de uma organização complexa, do tipo utilitário, podem ser assim expressos:

- projetar um conceito adequado das organizações perante públicos internos e externos, consistente com suas políticas, crenças e valores;
- criar, manter e desenvolver, internamente, formas de comunicação que contribuam para a maior e melhor operacionalidade dos sistemas e das atividades;
- desenvolver, harmoniosamente, um espírito de equipe, preparando e organizando situações comunicativas que se traduzam em melhores *performances* profissionais;
- contribuir para o desenvolvimento de valores básicos dos participantes, do tipo solidariedade, companheirismo, dedicação;
- projetar em centros irradiadores de opinião e poder o pensamento ideológico da organização, de forma que os resultados dessa projeção possam favorecer o desempenho operacional e administrativo;
- racionalizar formas de comunicação e contribuir para diminuir custos dos programas, aumentando sua eficácia;
- traduzir, em mensagens claras, as decisões sobre operações, métodos e técnicas do trabalho;
- acompanhar e influenciar o meio ambiente, criando e desenvolvendo representações e contatos nos poderes Executivo, Legislativo e Judiciário (municipais, estaduais e federais), diagnosticando as tendências

político-partidárias e estabelecendo vínculos que possam ampliar as bases dos negócios.

Como se percebe, por meio desse elenco de objetivos, a organização procura utilizar-se de seu poder expressivo para, internamente, administrar a tensão e o comportamento social da comunidade, ajustando-o aos objetivos da administração, atenuando a controvérsia e, externamente, aumentando sua influência e trânsito nos poderes e meios de comunicação, criando credibilidade e respeitabilidade para expandir suas bases de consentimento.

A área de comunicação coletiva reparte-se nas seguintes unidades especializadas (Figura F):

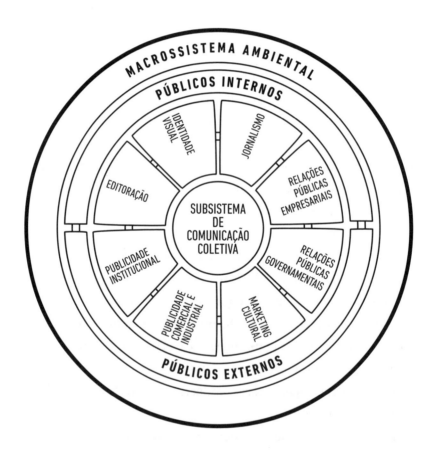

FIGURA F

Jornalismo

A área do jornalismo empresarial atinge as seguintes atividades, tarefas e produtos jornalísticos:

- periódica de *press-releases* e disseminação de informações para os meios de comunicação coletiva, particularmente imprensa especializada;
- coordenação de entrevistas para os quadros jornalísticos com o corpo executivo e diretivo da organização;
- coordenação e preparação de projetos jornalísticos especiais, do tipo carta econômica, revista empresarial, jornal de empresa;
- preparação de *papers* especializados para o *top* executivo;
- preparação de textos para os relatórios anuais da organização, destinados aos acionistas e a entidades governamentais, empresariais e financeiras;
- preparação de textos para peças promocionais internas e externas;
- acompanhamento das entrevistas do corpo executivo com os meios de comunicação.

Como se percebe, o jornalismo empresarial abrange, além das atividades jornalísticas de produção de publicações, os serviços de assessoria de imprensa. Em outras partes deste livro, essas atividades estão detalhadas.

Relações públicas

Como lembra Canfield (1970), relações públicas não são apenas uma filosofia e uma função administrativa, mas também uma técnica de comunicação por meio da qual o público toma conhecimento dos propósitos e das realizações da organização. Ou, como ensina Andrade (1965), relações públicas são filosofia e dinâmica em busca do aperfeiçoamento da interação social.

As definições servem adequadamente aos propósitos que vislumbramos em toda a extensão deste livro. De um lado, percebe-se a preocupação operacional de Canfield com relações públicas; de outro, a meta finalista das relações públicas colocada pelo autor brasileiro, que demonstra, assim, sua ligação com os compromissos sistêmicos, na medida em que vincula essa atividade ao escopo social. Acentuamos, ao discorrer sobre a importância da

Teoria de Sistemas para a vida organizacional, as necessidades do ajustamento e equilíbrio homeostático dos sistemas sociais e procuramos acoplar esses objetivos ao desempenho eficaz do poder expressivo, traduzido em termos de técnicas, meios, métodos, processos, conteúdos, canais, comunicadores e receptores. Enfim, o conjunto dos elementos componentes dos atos comunicativos. As relações públicas integram esse conjunto, e se se partir da definição da Associação Brasileira de Relações Públicas – "esforço deliberado, planificado, coeso e contínuo, da alta administração para estabelecer e manter uma compreensão mútua entre uma organização pública e privada e seu pessoal, assim como entre essa organização e todos os grupos aos quais está ligada direta ou indiretamente" – torna-se claro o leque de atividades a ser desenvolvidas pela área.

O planejamento em relações públicas deve tomar como ponto focal de referência o composto de poderes, mercados e instituições, tais como:

- *Poder Executivo*, que abriga o quadro de coordenação executiva do país, nas esferas federal, estadual e municipal;
- *Poder Legislativo*, composto pelas casas legisladoras e por seus participantes;
- *Poder Judiciário*, abrigando as instituições judiciárias;
- *circuito empresarial*, que reúne as organizações utilitárias, se possível dentro de uma classificação por região, setor, tamanho e posicionamento no *ranking* econômico-financeiro;
- *circuito financeiro*, constituído pelas instituições financeiras do país e do exterior;
- *circuito educacional/cultural*, composto pelo universo de instituições e pessoas que integram o sistema de *intelligentsia* nacional (universidades, instituições, intelectuais, artistas, pensadores etc.);
- *universo de clientes e/ou usuários*, composto por consumidores e clientes reais e/ou potenciais;
- *circuito social global*, composto pelas classes sociais, principalmente estratos médios, em que estão localizados os irradiadores da dinâmica social e econômica – os *white collars*, por exemplo –, cujo pensamento e cultura são representativos na vida nacional;

- *circuito interno*, composto pelos participantes do sistema organizacional;
- *circuito diplomático*, composto pelo universo dos embaixadores, ministros e secretários das embaixadas e consulados;
- *circuito militar*, composto pelos corpos das forças armadas;
- *circuito pessoal*, formado pelos amigos e por pessoas relacionadas aos dirigentes das organizações;
- *circuito do exterior*, constituído por pessoas, entidades e grupos que possam interessar à organização, dentro de uma proposta moderna de relações públicas internacionais.

A nossa contribuição ao entendimento de uma estratégia de relações públicas nas organizações ocorre, ainda, por meio de uma indicação que julgamos oportuno aplicar ao caso brasileiro e consiste, fundamentalmente, em nomear uma nova subárea para a atividade e reforçar o peso de outra. Referimo-nos ao marketing *cultural* e às relações institucionais. Divisamos nessas duas subáreas a grande força que sustenta uma política de relações públicas moderna.

O marketing cultural é uma das ferramentas do marketing *mix*, exatamente a que realça o papel de uma organização como agente sociocultural. Inegavelmente, esse tipo de marketing é um elemento da estratégia de comunicação corporativa e visa, sobremodo, à promoção, à defesa, ao patrocínio e à valorização dos bens e padrões culturais, sejam de cunho literário, científico ou artístico, ou de natureza educacional, esportiva e/ou assistencial. Assume, portanto, uma dimensão política, social e econômica/comercial (edição de obras culturais; publicação de livros de natureza histórica, científica e artística; edição de discos; calendários; promoção de eventos culturais de natureza acadêmico-científica, artísticos e esportivos; promoção de concursos; incentivo à pesquisa científica e tecnológica; campanhas beneficentes etc.).

Estrategicamente importante dentro de um modelo de comunicação sinérgica é o reforço nas relações institucionais, principalmente com os poderes públicos. Queremos emprestar ao conceito de relações institucionais o sentido mais amplo de efetivo e permanente contato com as fontes de poder, na perspectiva de cooptação para o ideário e conceito de uma organização. Enquanto o *lobby*, por exemplo, está orientado para casos e propostas concretas, para pressões que visam ao favorecimento de projetos e planos de interesse de grupos, as relações institucionais caminham, frequentemente, pelo terreno mais amplo das abstrações, criando um mundo permeado de simpatia e amizade. O reforço que queremos emprestar a essa subárea poderá demandar numa proposta de ampliação das atividades das relações governamentais.

E agora, na sociedade informacional, o setor de relações públicas ganha outra subárea importante, a de *gestão das mídias digitais*, em que se acompanha tudo que o consumidor/audiência fala sobre a organização por meio dos recursos interativos da internet.

Publicidade

Das técnicas da comunicação coletiva, talvez seja a publicidade a que recolha o maior número de códigos subliminares para viabilizar o consentimento. Por publicidade, aqui, queremos dizer o subsistema de comunicação que coloca em relação produtores e consumidores por meio dos distribuidores e dos *mass media*. Essa conceituação ampla, evidentemente, comporta outras, apresentando a publicidade como atividade intelectual que agrupa criadores literários e artísticos para a produção de mensagens; como universo de signos e uma técnica de significação que depende de uma semiologia e de uma retórica, conforme os estudos de Peninou (1976), Durand (1970) e Eco (1970); como uma arma do marketing a serviço da estratégia comercial.

Visualizamos a publicidade, para efeito de sua dimensão neste estudo, conforme o campo funcional definido por Louis Quesnel (1974):

- *função de liderança econômica*, criando confiança, melhorando a imagem de marca e estabelecendo reputação;
- *função de antagonismo* comercial, neutralizando a concorrência, fazendo pressão sobre os distribuidores e tomando fregueses e clientes dos concorrentes;

7. ORGANIZAÇÃO DO SISTEMA DE COMUNICAÇÃO: ÁREAS E PROGRAMAS

- *função de incentivo,* fazendo comprar *aqui e agora,* iniciando o possível cliente a tentar o produto e persuadi-lo a escrever para pedir informações;
- *função de criar hábitos,* lembrando o produto, ensinando as pessoas a pedir a marca e convertendo clientes ocasionais em clientes regulares;
- *função de inovação,* abrindo novos mercados, lançando produtos ou sugerindo novas utilizações de produtos antigos;
- *função de informação,* fazendo conhecer a existência do produto, com informações básicas sobre sua composição e descrição das utilizações;
- *função de expansão de consumo,* incitando o aumento da grandeza das unidades de produto compradas e a frequência dos atos de consumo.

Entretanto, chamamos a atenção para a aplicação desse modelo funcional em peças de "publicidade mentirosa", pois existem hoje recursos em que o consumidor-produtor de informações pode desmascará-las a uma grande audiência, pregando flagrantes contra a marca ou a mercadoria por meio de recursos de gravação de vídeos.

De outro modo, é preciso ter sensibilidade às demais necessidades essenciais da população, bem como às suas expectativas por um modelo mais sustentável e igualitário de desenvolvimento. A regulação da publicidade comercial/industrial e o fortalecimento da subárea de publicidade institucional constituem medidas aconselháveis para aplicação em países em desenvolvimento. Sobre esta última modalidade, temos algo a acrescentar. Em primeiro lugar, a publicidade institucional parece ganhar corpo no quadro das crescentes transformações sociais, quando já não basta marcar presença no mercado de consumo com marcas de produtos. Os grandes movimentos sociais, trazendo em seu bojo o questionamento das estratégias do desperdício, exigem garantias de qualidade para a massa de produtos. E o selo de garantia está vinculado ao conceito do sistema produtor. Daí a explicação para o incremento das campanhas institucionais que envolvem conceitos de qualidade embalando os nomes das organizações produtoras. As campanhas institucionais, além de conferirem uma identidade, estabelecem a personalidade organizacional por meio de uma gama de atributos, celebrando o caráter da instituição. A exaltação, como discurso final, tende a cobrir, como um guarda-chuva, os produtos fabricados para o mercado. Ocorre o fenômeno da transferência de conceitos. Geralmente, a linguagem metafórica da publicidade utiliza para as campanhas institucionais os valores da tradição, da experiência, da solidez, da segurança, da inovação, do dinamismo, do profissionalismo, do conhecimento, da alta tecnologia, da rapidez, da simpatia, da jovialidade e da eficiência.

Editoração /*Design* digital e *Design* hipermídia

Antes mesmo da emergência das novas tecnologias digitais e eletrônicas, já havia nas organizações uma complexa rede de canais visuais, auditivos e audiovisuais que abrigava instruções e ordens, circulares, memorandos, cartas, manuais, quadro de avisos, boletins, relatório de atividades semestrais, relatório anual para acionistas, pinturas, fotografias, diagramas, mapas, ideografias, cartazes, gráficos, diplomas, bandeiras e flâmulas, insígnias, intercomunicadores, filmes e diafilmes sonoros, televisão etc. A maior parte desses canais passava, necessariamente, por um tratamento da subárea de editoração, que se preocupava em organizar o material, dispô-lo em sequência, agrupando as unidades informativas, compilando partes e afastando outras. Enfim, formando um corpo unitário para ser divulgado.

Atualmente, com o uso simultâneo de diferentes linguagens em um único ato comunicativo (por exemplo, o texto escrito acompanhado de infográficos, vídeos, músicas, fotos etc.), viabilizado por meio de softwares e aplicativos, surgiu a figura profissional do *design digital* e do *design hipermídia*, os quais exploram as inúmeras possibilidades de desdobramentos de uma única informação em várias peças de comunicação associadas e complementares. O consumidor que recebe o folheto de venda de um imóvel pode, por meio do dispositivo do QR-Code, baixar um vídeo em seu celular conhecendo a planta animada do apartamento.

Esses materiais servem aos objetivos múltiplos da organização, tanto àqueles inerentes às atividades de relações públicas, como manuais da área de recursos humanos, de consumo permanente e com atualização periódica, quanto àqueles ligados à área jornalística. Os veículos jornalísticos, aliás, conservam as características de atualidade, periodicidade, universalidade e difusão massiva, mas, de outro modo, a "periodicidade", no meio digital, pode ser entendida, agora, como a atualização constante, permanente. Já na técnica de produção das revistas, mesmo que em plataformas eletrônicas, apesar de seu posicionamento claro na subárea do jornalismo, há um tratamento da editoração/*design*, principalmente no que diz respeito aos códigos de sinalização das matérias, a partir do estudo das capas e páginas de apresentação, dos índices, enfim, do repertório necessário para dar unidade conceitual ao veículo, tanto no que se refere à mensagem semântica quanto à mensagem estética e, agora, à exploração mais acentuada dos recursos de hipermídia.

Enfatizamos a importância da editoração/*design* na preparação dos relatórios anuais da organização, que servem aos altos objetivos estratégicos. Trata-se de veículos com análises do macroambiente, que são contratados a consultores externos ou feitos por especialistas internos e apresentam excelente qualidade visual.

Identidade visual

Essa subárea, fechando o circuito da comunicação coletiva, tem por finalidade operacionalizar, ao nível do suporte visual, *inputs* oferecidos pela área da comunicação cultural, transformando-os em *outputs* para ser consumidos por todos os públicos da organização. Um programa na área de identidade visual abarca, fundamentalmente, três importantes setores: as comunicações, os produtos e serviços e o meio ambiente. Como se devem "trabalhar" esses setores? A resposta comporta, inicialmente, alguns esclarecimentos a respeito do que se entende por *identidade visual*.

Por identidade visual, deve-se entender uma parte do programa do que, modernamente, nos Estados Unidos ganhou a designação *corporate identity*, ou identidade corporativa. Renato Tagiuri (1983), da Universidade de Harvard, mostrou a importância desse conceito para as organizações e apontou para o crescimento dos sistemas de identidade corporativa.

A identidade corporativa refere-se aos valores básicos e às características atribuídas a uma corporação pelos seus membros, públicos internos ou externos. Há uma distinção entre o termo "identidade" e o termo "imagem".

Uma corporação e seus participantes apresentam certas características demográficas, agem, reagem, produzem, comunicam. Juntos, elaboram as manifestações e a expressão organizacional. Algumas daquelas características são inerentes a uma campanha, outras são mais específicas de determinado tipo de empresa, algumas são características intencionais, muitas casuais. Alguns membros das organizações estão conscientes de algumas características; outros, não.

Do plano real ao da percepção, a diferença: alguém percebe, à sua maneira, algumas das características. O resultado dessa percepção é a imagem. Essas imagens, justapostas e apoiadas na integração dos dados e detalhes percebidos pelos públicos, convergem para o conceito de identidade corporativa, isto é, aquilo que uma corporação é no pensamento de quem as recebe.

As organizações têm uma identidade que pode ser clara, confusa, difusa e até "não identificável", na medida em que ninguém percebe o que ela faz, apenas sabe que existe.

Por **identidade**, portanto, deve-se entender a soma das maneiras que uma organização escolhe para identificar-se perante seus públicos. **Imagem**, por outro lado, é a percepção da organização por aqueles públicos.

Se formos buscar a origem latina (*idem*, igual, semelhante), percebemos certamente a vinculação do termo "identidade" com individualidade, personalidade, enquanto a imagem significa representação, cópia, a figuração mental de alguma coisa. A relação que existe entre o mapa e seu território. **Identidade**, mais que imagem, refere-se ao plano real. **Imagem** conota uma representação disso. A minha identidade é o que eu mesmo sou. A minha imagem é aquela que imagino parecer.

No plano organizacional, há todo um esforço no sentido de identificar os valores que denotam a cultura. Esse esforço, na nossa reflexão, está sendo atribuído à área de comunicação cultural. Mas há um programa de comunicação necessário para construir a consciência positiva a respeito daqueles valores. Esse programa pode ser implantado pela subárea de identidade visual.

7. ORGANIZAÇÃO DO SISTEMA DE COMUNICAÇÃO: ÁREAS E PROGRAMAS

Como escopo, essa subárea lidará com a criação, a manutenção e o aperfeiçoamento de um sistema gráfico que consiste em símbolo, logo, alfabeto-padrão, determinação das cores organizacionais, estilo do desenho global. Trata-se, portanto, de oferecer o suporte visual, o conjunto de elementos que tornam visível a mensagem cultural. É claro, como já se mencionou, que o desenvolvimento da atividade de identidade visual dependerá de medidas a ser tomadas previamente pela administração organizacional, levando em conta:

- a necessidade de identificação da cultura corporativa ou organizacional;
- decisões sobre os valores culturais a ser transportados para os elementos visuais;
- a preservação dessa identidade ao longo da rotina;
- a mudança dessa identidade quando novos valores forem incorporados à organização;
- o desenvolvimento de significados para a monitoração dos conceitos de identidade.

A partir dessas definições, o programa de identidade visual será desenvolvido, guiando-se pela premissa básica que consiste em comunicar no plano visual, de maneira clara e consistente, a verdadeira natureza cultural da organização. Como indicam os experimentos, o sistema gráfico que comunicará a identidade corporativa ou organizacional deverá levar em conta aspectos e valores como o *moderno, preciso, simples, sério* (que possa ser permanente), *original* e facilmente *memorizável*.

Esse programa será direcionado para toda a área impressa da organização, incluindo os formulários, entrando pelo circuito das embalagens e dos rótulos dos produtos, a sinalização dos serviços e chegando até a arquitetura do meio ambiente, com a criação de módulos, sistemas, *kits*, enfim, um suporte técnico que integre o meio à identidade que se decidiu comunicar. Geralmente, esses programas são idealizados por consultorias especializadas em *design* e comunicação visual e constituem uma das mais recentes e avançadas especializações a serviço da comunicação organizacional.

ÁREA DE SISTEMAS DE INFORMAÇÃO

O sucesso de um avançado programa de gestão depende diretamente da eficiência de um Sistema de Informação. As organizações modernas, para se manter em equilíbrio e acompanhar a dinâmica social, procuram organizar uma ampla rede de informação, apoiada em computador, que possa prestar à alta administração as informações relevantes, oportunas e precisas para fins de tomada de decisões. Como lembra Prince (1975), a rede precisa ser capaz de responder a mudanças. Posicionamos essa rede no campo que designamos como dimensão cibernético-telemática das organizações, a terceira grande dimensão da nossa escala disciplinar.

Há diversas redes de informação servindo às organizações. Essas redes estruturam sistemas de informações especializadas, ora na área operacional, ora na área mercadológica, ora no setor de transportes. O Sistema de Informações que julgamos conveniente sugerir para compor o leque de situações da comunicação organizacional diz respeito às necessidades informacionais dos programas de desenvolvimento do corpo gerencial. Portanto, trata-se de um Sistema de Informação orientado para a formação de atitudes e desenvolvimento de aptidões dos quadros executivos. O programa abarcará, fundamentalmente, informações de qualidade, facilitando o acesso das fontes de informação especializadas aos quadros humanos das organizações. Além de uma completa classificação de fontes de informação especializada, com ramificações nas praças e nos centros de informação mundial, o sistema deverá suprir, rotineiramente, as necessidades comunicacionais das áreas, fazendo chegar ainda aos interessados resultados de pesquisas recentes sobre seus campos de interesse, *digests* e resenhas informativas, indicações e sinalizações a respeito de medidas, políticas, normas e estratégias que estejam sendo decididas e tomadas no macrossistema ambiental. O objetivo é suprir os quadros humanos das organizações, atualizando-os diariamente e preparando-os para melhores decisões em suas atividades.

Outro setor a merecer atenção de um Sistema de Informação é o referencial básico da organização, constituído pela gama de peças eletrônicas e gráficas – *folders*, folhetos, *clippings*, diagnósticos, balanços, planos, catálogos – que necessitam de constante atualização. O Sistema de Informação será o natural

7. ORGANIZAÇÃO DO SISTEMA DE COMUNICAÇÃO: ÁREAS E PROGRAMAS

alimentador de tais projetos, procurando atualizar as referências sobre as organizações, melhorando, assim, seu padrão de apresentação informativo.

Esse Sistema de Informação qualitativa poderá ser estruturado com base em dois grandes segmentos que direcionam suas atividades:

1. *Prospecção, seleção* e *tratamento da informação* – que fará o mapeamento das fontes de informação, a escolha dos materiais e seu devido encaminhamento para processamento.
2. *Armazenamento* e *disseminação de informações* – os materiais, processados e selecionados, poderão ser armazenados ou distribuídos horizontal e/ou verticalmente, servindo aos diversos fluxos organizacionais.

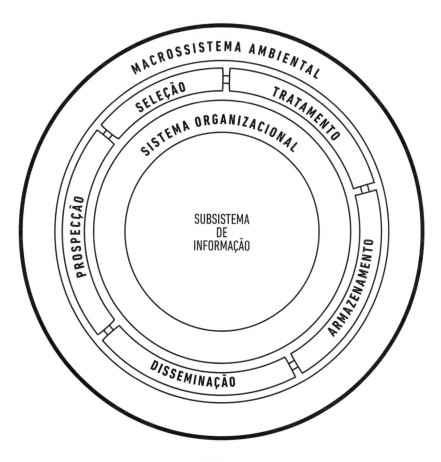

FIGURA G

A setorização desses dois segmentos demanda, antes de mais nada, a organização de todo um setor de Tecnologia da Informação (TI), o qual irá não apenas providenciar a estrutura de cabeamentos e conexões necessários ao funcionamento do ambiente de rede, mas também apontar servidores por meio dos quais se fará toda a incorporação de uma biblioteca especializada, um centro de documentação de vídeos e áudios, um centro de publicações periódicas, além do banco de dados e do centro de análise de conteúdo. Essa unidade de análise de conteúdo processará estudos relativos à adequação, à oportunidade e à logicidade das mensagens, procurando compatibilizar esses valores com os objetivos ideológicos da organização. Trata-se de oferecer à organização um corpo de conceitos por ela ainda não utilizados que dizem respeito ao estudo dos conteúdos, dentro dos moldes clássicos da análise de mensagem. Com essa área de Sistema de Informação, completa-se a proposta da comunicação sinérgica para aplicação em organizações utilitárias complexas.

8. OBJETIVOS E RESULTADOS DA COMUNICAÇÃO ORGANIZACIONAL

Os RESULTADOS DE UM amplo programa de comunicação organizacional podem ser medidos de diversas maneiras. É claro que o empresariado raciocina, em primeiro lugar, em termos de relação custo-benefício. Dir-se-ia até que a atração dos administradores por essa relação tem ofuscado sua real dimensão e não temeríamos em arriscar a dizer que as contas efetuadas para estabelecer os resultados da equação padecem de um grave vício. Não um vício de intenção, mas de omissão. Explica-se: os analistas e contabilistas das organizações apuram, para efeito de demonstração, os resultados entre *inputs* e *outputs*, isto é, matéria-prima, seu processamento e manipulação, e as vendas, subtraindo-se das receitas as despesas para alcançarem os resultados em lucros. Portanto, a equação clássica lida fundamentalmente com resultados financeiros. Ocorre que a administração financeira não conseguiu, ainda, passar para seus componentes financeiros, passíveis de contabilização, variáveis extremamente subjetivas, como clima organizacional, empatia, integração de objetivos, espírito de corpo, identidade corporativa ou o suporte de tudo isso, o poder expressivo das organizações. Em suma, a questão de comunicação nas organizações é tratada como despesa e não como investimento. O vício de omissão, é evidente, parece justificado pela ignorância, calcada nos enfoques e estudos tradicionais dos cursos de Administração, Economia e Engenharia, principalmente. Felizmente, observamos a preocupação de setores e escolas avançadas em incorporar a componente comunicação como variável importante e tecnicamente viável para a medição de resultados positivos nas empresas.

Referimo-nos às possibilidades de medir o efeito do poder expressivo das organizações utilitárias, não apenas sob a ótica das vendas pela publicidade na televisão, mas pelas avaliações quantitativas que se podem estabelecer dos comportamentos dos empregados. Basta lembrar, a propósito, as baterias de testes direcionadas a apurar comportamentos, depois de campanhas de comunicação internas para melhorar a produtividade; as campanhas que visam medir o grau de memorização das empresas em determinados segmentos da opinião pública e avaliam o grau de conhecimento, compreensão, aceitação e valores que determinado grupo empresarial consegue obter. O bom conceito de uma organização flui diretamente sobre o posicionamento das vendas. Há, evidentemente, muitos casos em que se podem quantificar efeitos do programa de comunicação. Resta, apenas, fazer chegar esses métodos ao poder decisório das organizações, para seu convencimento e aceitação.

O nosso claro posicionamento é a favor da colocação dos gastos com comunicação no campo dos investimentos e não no das despesas. Poder-se-ia apontar, também, a extrema importância da comunicação para assegurar a eficácia das políticas de recursos humanos na organização, a começar pelas atividades de seleção de pessoal até o treinamento e o desenvolvimento organizacional. Os programas de recursos humanos utilizam o ferramental de comunicação de maneira muito ortodoxa, restringindo-se a alguns conselhos sobre modos de comportamento e habilidades comunicativas, jamais se preocupando com o estudo das redes, dos laços, dos fluxos e dos níveis da comunicação. Identificamos, aqui, os mesmos problemas. A omissão por ignorância. Os especialistas de recursos humanos, na maior parte dos casos, têm uma visão distorcida, quase paroquial, dos resultados que a comunicação organizacional pode atingir.

Apontamos, também, a importância da comunicação para o planejamento estratégico das organizações. Entendemos que o sistema de comunicação dá vigor e consistência às grandes estratégias de planejamento, necessárias para a sobrevivência, expansão e diversificação empresariais. O planejamento em comunicação deve, pois, se atrelar ao planejamento estratégico. Outros resultados podem ser obtidos na cultura interna. Pela comunicação, os corpos diretivos passam a ter uma identidade pública, um perfil técnico, um conceito profissional no mercado, situações que vêm contribuir para a viabilização do conceito e da identidade da organização.

Os resultados a apontar são muitos, mas podem ser eminentemente retóricos, quando não se apoiam em medidas concretas e palpáveis. Por essa razão, parece-nos que o caminho mais adequado para viabilizar um modelo sinérgico de comunicação está na definição da estrutura de coordenação da comunicação organizacional. Percebemos, ao correr das ideias deste livro, que a comunicação é uma função-meio, usada para gerar consentimento. Como tal, legitima-se como poder. Trata-se de mais um poder organizacional, que está ao lado do poder remunerativo, do poder coercitivo e do poder normativo. Como poder-meio a legitimar os outros, a comunicação, para se tornar eficaz, deve partir de um ponto A, localizado no corpo individual, até um ponto Z, inserto no meio ambiente externo, utilizando técnicas, métodos e processos que unem o micro-organismo ao macro-organismo. Essa possibilidade ocorre quando todos os vetores que dão vida à dinâmica comunicacional são coordenados por um mesmo centro. Defendemos a ideia de que a comunicação não pode ser repartida.

A comunicação organizacional deve ser conduzida por um centro de coordenação responsável pelas pesquisas, estratégias, táticas, políticas, normas, métodos, processos, canais, fluxos, níveis, programas, planos, projetos, tudo isso apoiado por técnicas que denotem uma cultura e uma identidade organizacional. Identificamos 11 grandes vetores que locomovem as situações de comunicação na organização, a saber:

- a identidade cultural;
- o jornalismo;
- as relações públicas empresariais;

- as relações públicas governamentais;
- o marketing cultural;
- a publicidade comercial/industrial;
- a publicidade institucional;
- a editoração;
- a identidade visual;

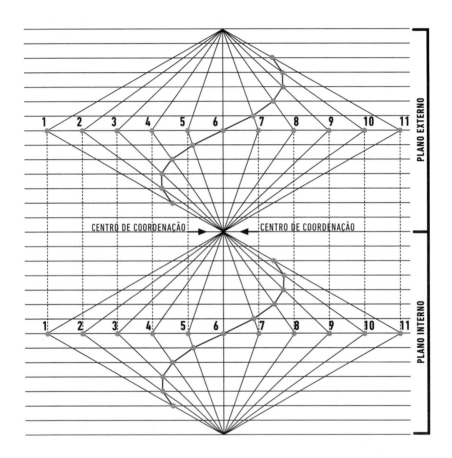

1. Comunicação cultural
2. Jornalismo
3. Relações públicas empresariais
4. Relações públicas governamentais
5. Marketing cultural
6. Publicidade comercial/industrial
7. Publicidade institucional
8. Editoração
9. Identidade visual
10. Prospecção, seleção e tratamento da informação
11. Armazenamento e disseminação da informação

FIGURA H

8. OBJETIVOS E RESULTADOS DA COMUNICAÇÃO ORGANIZACIONAL

- a prospecção, a seleção e o tratamento da informação;
- o armazenamento e a disseminação da informação.
(O traçado simbólico dessas situações aparece na Figura H.)

Esses vetores, quando orientados e conduzidos por um único centro de coordenação, somam valores, aumentando suas potencialidades de acordo com as leis da sinergia, que recomendam a união de elementos congêneres (dentro de uma mesma espécie). Em comunicação, a sinergia entre os vetores é vital para chegar ao objetivo de "preservação de uma linguagem sistêmica e integrada", cujos contornos poderiam ser detalhados por meio dos seguintes resultados:

- unidade operacional e administrativa com evidente concentração de custos;
- harmonia na preservação dos códigos visuais e escritos;
- coerência conceitual;
- melhor direcionamento da mensagem pela possibilidade de concentração de esforços e seleção de meios;
- escolha adequada de meios para cada ato comunicativo;
- controle mais apurado;
- racionalização de processos administrativos e financeiros;
- melhor distribuição de tarefas;
- antecipação do processo informativo para tomada de decisões;
- rápida captação da cultura ambiental interna e externa;
- garantia da homogeneidade dos conteúdos;
- capacidade de responder mais rapidamente às contingências internas/externas, às ameaças e aos riscos do sistema operacional, do sistema político, econômico e social;
- capacidade de entender e implantar medidas estratégicas tomadas pelo *top* das organizações;
- capacidade de unir os fluxos de comunicação, fazendo que a comunicação descendente tenha *inputs* do fluxo ascendente e dos fluxos laterais;

- capacidade de fazer que as variantes biopsicológicas sejam estudadas convenientemente, de forma que participantes, organização e ambiente externo possam ser analisados como um todo global, objeto central da comunicação sinérgica.

Esses objetivos a ser alcançados pela integração dos vetores organizam estratégias comunicativas para dois ambientes:

- o interno; e
- o externo.

O primeiro diz respeito à estrutura interna, abrangendo a cultura organizacional; o segundo envolve o sistema ambiental com a situação política, econômica e social do país.

Falemos um pouco sobre a estrutura de coordenação. A comunicação, como função-meio para obtenção de consentimento, exerce um poder. Penetrar no complexo mundo das competências e divisões de poder nas organizações utilitárias não é nosso objeto. Por essa razão, não nos compete, neste momento, discorrer sobre o poder na administração. Interessa, apenas, acrescer às considerações anteriores a lembrança de que uma estrutura de comunicação, para obter eficácia, deve estar localizada num ponto livre de síncopes – perdas e quedas –, sístoles, pressões e contrapressões. Entendemos que uma estrutura de comunicação deve, sobremodo, servir aos altos interesses da organização, definidos pelo topo decisório. Cada organização, pois, pode escolher a forma e a posição de sua estrutura de comunicação no organograma, mas jamais deve menosprezar as funções de mediação, controle e integração, que dão organicidade e dinâmica à área. Essas funções indicam a necessidade de a estrutura de coordenação de comunicação não se subordinar a interesses políticos nem se sujeitar às pressões do meio ambiente porque seu escopo, mais do que o de todos os setores organizacionais, tem como parâmetro fundamental o ajustamento das partes com a finalidade do equilíbrio. É para essa compreensão que chamamos a atenção. Os fenômenos descritos neste livro, apresentados como proposta de reflexão, tiveram, de minha parte, forte aplicação prática em uma organização complexa com cerca de 20 mil funcionários e 40 empresas. Não se trata, portanto, de mero exercício retórico.

PARTE II

PLANEJAMENTO, ANÁLISES E ESTUDOS APLICADOS

1. O PODER DAS ORGANIZAÇÕES NO SÉCULO XXI

O PLANEJAMENTO DE ESTRATÉGIAS, programas e projetos de comunicação organizacional requer uma minuciosa leitura do meio ambiente. Incorrem em grave erro os comunicadores e profissionais que planejam suas atividades sem atentar para as oportunidades, os riscos, as ameaças e as tendências do macroambiente.

Com o objetivo de ajudar os dirigentes de estruturas de comunicação a direcionar o planejamento estratégico de seus programas de comunicação, apresentamos, nesta parte, uma tentativa de leitura do sistema ambiental, identificando algumas condições que influem decisivamente sobre os rumos das organizações.

CONDIÇÕES MACROAMBIENTAIS QUE CERCAM AS ORGANIZAÇÕES CONTEMPORÂNEAS

As duas últimas décadas do século XX testemunharam mudanças drásticas nos sistemas informacionais, bem como nos modos de produção, nos arranjos dos negócios, na organização das empresas e nos modelos de vendas e distribuição, bem como sobre o próprio perfil do consumidor.

Houve duas grandes revoluções: a da década de 1980 e a de 1990. No primeiro caso, emergiu o conceito da Era da Estratégia, em que a criatividade deixou de ser um diferencial suficiente. Com a expansão da concorrência, mediante a entrada de novos atores no comércio mundial de produtos manufaturados, de serviços e de alta tecnologia (como China e Coreia do Sul, por exemplo), tornou-se indispensável ser o primeiro (empresa e produto) na mente do consumidor.

Foi também a era da emergência de novas e grandes corporações, por meio de *holdings* que passaram a descentralizar suas operações e a transferi-las aos quatro cantos do globo, terceirizando e estabelecendo parcerias em diversas de suas atividades.

Do ponto de vista da comunicação, essa se estabeleceu como sistema-meio e ganhou novo *status* em meio às estratégias organizacionais, esboçando a perspectiva da "comunicação estratégica". Passou a se exigir maior profissionalismo nas propostas, nas ações, nos produtos e nos resultados apresentados pela área. O jornalismo, por outro lado, saiu do campo acessório e adquiriu maior importância na construção da legitimidade e credibilidade das marcas e instituições.

Já na década de 1990, consolidou-se a Era da Globalização, com ampla expansão do universo da locução entre as organizações, os poderes instituídos e os consumidores/cidadãos. Com maior transparência, os *lobbies* estruturaram-se como parte legítima das regras do jogo. A sociedade tornou-se mais participativa e exigente, impulsionada por novos aparatos de informação, como a internet. Esta começou já nos anos 1990 a habituar o homem a um modo de comunicação que se tornaria predominante em 2014 com base nas novas tecnologias, na banda larga e na web 2.0: a troca de dados, notícias, fotos, vídeos, acontecimentos e fatos íntimos por meio das plataformas digitais, em tempo real e sem a intermediação dos grupos tradicionais de mídia.

É possível ainda classificar a década de 1990 como a era da abertura das redomas empresariais, pois as organizações passaram a mirar um padrão mais qualificado na relação com os consumidores. Dessa maneira, foi preciso ampliar o hábito de fazer pesquisas de clima organizacional, treinar as equipes e buscar uma comunicação com recorte mais gerencial. A comunicação externa, por sua vez, procurou conferir mais transparência e maior visibilidade às empresas e instituições. Juntando ambas as vertentes, a década de 1990 viu consolidar a perspectiva da comunicação estratégica, a qual assumiu, inclusive, o papel de assessoramento ao *top* empresarial. Já para os profissionais, foi a era da competência, da valorização, do crescimento e da permanência de especialistas com visão mais holística, gerencial e sistêmica.

Assim, o novo macroambiente pode ser caracterizado por:

- influência da transnacionalidade e globalização sobre as decisões organizacionais. Ou seja, o sistema nacional autossuficiente deu lugar a uma engrenagem global e interdependente;
- risco maior de fragmentação e desconstrução, eliminando organizações de baixa competitividade;
- expansão da descentralização;
- fortalecimento dos grupos de pressão;
- maior autonomia individual;
- necessidade de constantes ajustes entre o clima interno e o externo;
- mudanças na gestão empresarial, com novos modelos e tecnologias, estratégias de ocupação de espaços, novos perfis de profissionais, capitalização dos pontos fortes, adaptação às diferenças locais, regionais e internacionais e integração das unidades locais com operações globais.

As estratégias tornaram-se bem mais abrangentes e resultaram, na área da comunicação, em:

- queda acentuada dos investimentos em propaganda clássica;
- aumento das despesas com ações de promoções nos pontos de venda ou com o consumidor por meio de outras plataformas de mídia massiva;
- maior conhecimento do consumidor, especialmente depois do desenvolvimento de ferramentas de *Customer Relationship Management*/ gestão de relacionamento com o cliente (CRM) incorporando a tecnologia digital;
- maior seletividade por parte do consumidor.

Dessa maneira, a primeira década do atual século consolidou a passagem de uma sociedade industrial para uma sociedade da informação. As grandes estruturas hierárquicas piramidais foram substituídas pela organização de redes horizontais, com a descentralização e pulverização dos centros de decisão. Entre os valores sociais, emergiu a questão do direito à diversidade e ao entretenimento, transformando-se, eles próprios, em novos ícones do consumo de massa.

Portanto, o campo referencial de trabalho da comunicação passou a operar com elementos como a instabilidade e intempestividade dos acontecimentos e *feedbacks*; urgência; imediatismo; conectividade e interatividade em tempo real, 24 horas por dia, com contornos, alcance e escalas jamais imaginados antes.

ESTRATÉGIAS PARA A COMUNICAÇÃO ORGANIZACIONAL EM FACE DO NOVO MACROAMBIENTE

Alguns dos paradigmas abaixo foram antevistos nos anos 1980, mas permanecem fundamentais para que as organizações os considerem para saber como agir no atual momento.

Crescimento vertiginoso do espaço de interdependência

O sistema organizacional, para um aperfeiçoamento equilibrado e expansão, exige, cada vez mais, intercâmbio com outros sistemas: político, social, cultural e tecnológico. A empresa, por exemplo, é uma entidade coletiva, não uma ilha isolada do macroambiente. A interdependência ocorre hoje em caráter global.

Agudização das relações sociais

A globalização trouxe efeitos colaterais, como o desemprego massivo, que não poupou nem as economias desenvolvidas. Cresceram as tensões sociais e os conflitos de grupos, aumentando a sensibilidade ambiental e a polarização política. As insatisfações passaram a simbolizar as novas relações sociais.

Despertar de consciência do cidadão – Autogestão técnica

Consequentemente, os cidadãos adotaram posturas mais participativas, questionando os deveres do Estado, abrindo reivindicações, libertando o discurso. Surgiu o conceito de autogestão técnica, pelo qual o indivíduo assume sua individualidade, determina seus padrões de vida e estabelece meios para consegui-los.

Multiplicação dos grupos de pressão

A nova consciência direcionou o esforço individual para o sentido da participação. Os grupos de pressão cristalizam esses sentimentos e constituem o cavalo de batalha da nova classe. O escopo de tais movimentos está centrado no desejo de maior participação na obra do desenvolvimento, maiores conquistas profissionais e melhor distribuição das riquezas e dos bens.

Crescimento econômico cede lugar ao conceito de desenvolvimento

O conceito de crescimento apenas não basta, é preciso garantir lucros e desempenhos que atendam à expectativa das bolsas de valores, bem como à pressão por aumento da produtividade e competitividade. De outro modo, os indivíduos buscam seu desenvolvimento integral, completo, busca essa em que aparece o homem como agente, meio e fim do processo econômico. A nova cartilha das organizações abre espaço para o desenvolvimento dos recursos humanos.

Melhores arranjos para a ideia de responsabilidade social

Responsabilidade social deixou de ser uma panaceia para se constituir na mola de programas de grande envergadura social. Tais programas vêm se respaldar no conceito da empresa também como bem social, voltada para os fins mais nobres da sociedade.

Influência da tecnologia sobre as relações sociais

Os novos meios tecnológicos, ao lado dos benefícios relacionados à produtividade, criaram e introduzem a todo momento situações de conflito, trazendo um feixe diferente de linguagens e padrões, liberando mão de obra e energia e, por conseguinte, ditando novos comportamentos. Vive-se o primado da hipertextualidade, em que a informação é consumida pelo uso simultâneo de plataformas digitais (celulares, computadores, *tablets* etc.)

com plataformas analógicas (rádio, TV, jornais, revistas, murais e impressos de maneira geral).

Aumento das conquistas trabalhistas

A interdependência mundial e a homogeneização de sistemas codificaram um novo discurso que passa, rapidamente, um código de exigências. As mais modernas conquistas trabalhistas do mundo ocidental atravessam fronteiras e invadem o espaço organizacional – redução da jornada de trabalho, participação nos lucros da empresa, participação no processo decisório, aumentos mais rápidos de salários, aumento dos benefícios etc.

Fisionomia diferente no empresariado

O empresário tradicional, que herdou a empresa (hoje com o conceito ampliado de organização) e se caracteriza pela postura paternalista do "eu mando", cedeu o lugar ao empresário que descentralizou e contratou profissionais, ficando na posição mais alta de presidente do Conselho de Administração. Recentemente se incorporou ao cenário o mais novo exemplar do empresário – que dirige a empresa, não se afasta do dia a dia, contrata profissionais e conduz a organização orientado por uma filosofia de integração aos negócios globais.

Crescimento do profissionalismo das categorias dirigentes

Aumentou o número de executivos competentes nos quadros organizacionais. Cresceu a concorrência por cérebros e a gestão empresarial assumiu a configuração de uma batalha de competências, visões e qualidade técnica.

Maior flexibilidade nos modelos de gestão

Morreram os modelos fechados, os pacotes organizacionais limitados. Os desenhos de organogramas e os parâmetros de desenvolvimento organizacional adaptaram-se a culturas específicas, contingências internas e situações estruturais. Com a maior flexibilidade, as organizações ganharam agilidade e podem assim tomar decisões mais rápidas para correções de situações e estabelecimento de patamares e metas.

NOVAS NECESSIDADES ESTRATÉGICAS PARA A COMUNICAÇÃO NAS ORGANIZAÇÕES

Feita a leitura deste novo macroambiente, o planejamento estratégico e sistêmico da comunicação passa a considerar as necessidades relacionadas a seguir.

Planejar a comunicação de maneira sinérgica e integrada

A comunicação empresarial não envolve apenas as formas, os recursos e os canais da comunicação coletiva – relações públicas, jornalismo, propaganda, editoração/*design*, identidade visual, Sistemas de Informação. Abarca as comunicações humanas, interpessoais, grupais. Abrange as comunicações administrativas – os fluxos, as redes, o volume de papéis normativos, os climas sócio-organizacionais. Integrar tais circuitos, torná-los sinérgicos são as principais estratégias dos novos tempos.

Climatizar as redes tecnológicas

As organizações devem atentar para a necessidade de climatização e esquentamento das redes de computadores e de conexões de internet por intermédio de uma comunicação mais amena, proveniente do segmento gerencial. É preciso utilizar a tecnologia a serviço do homem e não contra ele. Torna-se indispensável usar bem o aparato tecnológico, incluindo informações de cunho social e não apenas dados gerenciais. É necessário utilizar as redes para disseminar informações que mexam com o íntimo do consumidor interno. A informação será mais bem consumida se agregar ao dado uma vestimenta que o humanize.

Abrir e tornar mais equilibrados os fluxos da comunicação

O equilíbrio do sistema organizacional depende do correto e adequado posicionamento dos fluxos de comunicação: para o meio ambiente e para o ambiente interno. E, dentro desses sistemas, é imprescindível o ajuste entre os fluxos descendente, ascendente e lateral, com preocupações para o fluxo ascendente e em redes circulares, exigência das novas posturas sociais, e para o fluxo lateral, de coordenação.

Tornar simétricos o marketing institucional e o marketing comercial

O desajuste é patente na maioria das organizações. O marketing institucional está completamente isolado do marketing de produtos comerciais. No entanto, ambos pertencem à mesma organização, apresentam manifestações da mesma empresa e possuem linguagens frequentemente diferentes. Tentar torná-los simétricos, congruentes, harmônicos significa aumentar a redundância, racionalizar a linguagem, economizar custos e fazer que a imagem que passa para a opinião pública se torne igual à identidade que se quer projetar.

Valorizar e enfatizar canais participativos de comunicação

Um dos principais problemas da comunicação empresarial tem sido o grande volume de informações que descem para os níveis inferiores da organização e não são avaliadas e controladas. A estratégia da ativação de canais participativos é adequada para fazer o contraponto. Tais canais constituem a garantia de maior participação dos subordinados nos sistemas de engajamento e concordância. Caixas de sugestões, CCQs, prêmios de produtividade, concursos internos, reuniões de *brainstorming* e *brainwriting*, conselhos participativos, criação de entidades associativas exprimem algumas formas de participação comunicativa.

Estabelecer uma identidade (transparente e forte) para projeção externa

A identidade é formada por valores, princípios, conceitos e sistemas e até pode envolver questões de natureza técnica. Trata-se de agregar situações que darão uma personalidade à empresa. A imagem é o que passa para a opinião pública. A imagem é a sombra da identidade. Quando esta não é fixada de maneira adequada, a sombra é muito tênue. Identidade forte ajuda a passar uma imagem de fortaleza. O momento aconselha ao estabelecimento de metas, valores, objetivos clarificados, que darão transparência e vigor à imagem.

Criar uma linguagem sistêmica e uniforme

Uma empresa possui inúmeros canais e formas de comunicação. A crise da sociedade, os conflitos, a tecnologia, a concorrência, a multiplicidade de recursos de comunicação, postos à disposição dos públicos de uma empresa – internos ou externos –, aconselham que se procure preservar uma linguagem única. Em termos concretos, isso significa estabelecer condições para uso e desenvolvimento de canais de comunicação, com a compreensão clara de sua dinâmica e indicação de sua periodicidade, linguagem, conteúdos, forma etc.

Valorizar o pensamento criativo

Na empresa, existe uma permanente emulação entre o pensamento criativo, formado pelos executivos com maior nível de abstração, e o pensamento quantitativo, formado pela competência técnica dos executivos financeiros ou de áreas eminentemente técnicas. O momento privilegia os resultados, o desempenho numérico, no entanto a criatividade permanece como o diferencial que irá posicionar e dar vantagem à organização no mercado. Por isso a abstração é fundamental nas organizações. Não se deve esquecer de que o nível de abstração deve ser testado, conferido, analisado e compatibilizado aos níveis quantitativo-técnicos. Os projetos de comunicação podem, de alguma forma, estimular o pensamento criativo das empresas, contribuindo para criar um clima sociocultural integrado e aberto.

Acreditar na comunicação como um poder organizacional

A postura tradicional do empresário é a de considerar algumas formas de comunicação uma concessão paternalista. A comunicação, em qualquer uma de suas formas, exerce um poder: o de obter engajamento, concordância. Nesse sentido, é um investimento dos mais poderosos para legitimar os climas, os objetivos, as estratégias empresariais. Acreditar na comunicação como poder significa posicioná-la como investimento e não como despesa.

Buscar um novo perfil de profissional

A organização deverá buscar um profissional que entenda a comunicação no sentido sistêmico. Não adiantam jornalistas apenas com bons textos ou profissionais de relações públicas que não consigam compreender a dinâmica social e do mercado. Cada integrante da equipe de comunicação terá de ser capaz de ler o meio social e fazer essa leitura chegar ao empresário ou dirigente, defendendo determinada direção para o comportamento da organização. Além disso, ele deverá saber trabalhar de maneira integrada com cada área da comunicação, interagindo adequadamente com cada uma de suas ferramentas.

Reciclar periodicamente o corpo de profissionais

O ajustamento das estratégias de comunicação em uma organização dependerá da maior ou menor sensibilidade do executivo de comunicação, de sua postura reflexiva, do domínio de técnicas de comunicação, do nível de abstração, do conhecimento de técnicas de administração, do entendimento integrado da organização e do nível de percepção do macroambiente. Ora, tais qualidades desenvolvem-se com um programa de reciclagem de conhecimentos, com a volta aos bancos escolares, cursos extracurriculares, de pós-graduação, seminários intensivos etc. O momento sugere privilegiar o generalista para o comando e o especialista para a execução.

Investir maciçamente em informações

Nunca se consumiram tanto informações quanto hoje. A sociedade tecnológica é devoradora de dados e informações. Pode-se inferir que o consumo de informações por metro quadrado em uma organização atesta seu grau de conhecimento e seu nível tecnológico e profissional. Os sistemas de comunicação devem privilegiar os chamados Sistemas de Informação, que suprirão os níveis gerenciais e decisórios para a tomada de decisões. Tais programas deverão se preocupar não apenas com dados de natureza quantitativa, mas também com informações qualitativas.

Ajustar os programas de marketing social ao contexto sociopolítico

Entende-se por marketing social o esforço deliberado da empresa em projetar externamente seu ideário com vistas à promoção de campanhas de alto cunho social. Nesse sentido, uma das regras do marketing é a lei da oportunidade, que aconselha ajustar os programas de caráter institucional ao contexto sociopolítico, selecionando-se (lei da seletividade) os públicos e os conteúdos. Consequência dessa postura será o ajuste nos outros tipos de propostas do composto do marketing institucional, como o marketing cultural (lazer, comportamento, esportes, obras artísticas, educativas etc.).

Valorizar os programas de comunicação informal

A comunicação informal é a alma da organização; a comunicação formal, o corpo físico. Valorizar os programas de comunicação informal encaixa-se na estratégia de ajustamento do clima interno. A expressividade dos grupos de uma organização depende da política de comunicação voltada para a informalidade. O índice de proibições nessa área deve refluir, até porque a comunicação informal é um dos grandes instrumentos de controle e avaliação. A rigor, usando-se a imagem do mercado, as "rádios-peão" (e, hoje, a boataria que se dissemina pelas redes sociais) só se constituem em ameaças quando uma organização quer sintonizar apenas "rádios-culturas" e TVs educativas oficiais, que, no geral, primam pelo excesso de formalismo autoritário e por uma programação exaustivamente monótona.

Assessorar, não apenas executar programas de comunicação

As tarefas dos profissionais de comunicação devem repartir, adequadamente, as funções de assessoria dos serviços executivos. Tal fato ocorrerá pela necessidade dos empresários em ouvir mais de perto os intérpretes do meio ambiente (interno/externo). Os técnicos de comunicação serão os melhores intérpretes e, na tarefa de assessoria aos altos níveis executivos, terão suas funções mais valorizadas e prestigiadas. Para tanto, como já dissemos, será necessário entender a comunicação em seu conceito maior – de planejamento das formas de projeção do conceito de uma organização, de execução de tarefas técnicas e leitura dos ambientes externos e dos comportamentos psicossociais.

Focar a comunicação para prioridades

Escolher os alvos, pesquisar as necessidades, identificar pontos fortes e fracos, estabelecer canais adequados e momentos apropriados são alguns aspectos vitais de um planejamento estratégico da comunicação empresarial. Esses ajustes darão aos programas mais racionalidade e objetividade, traduzir-se-ão pela maior economia de custos e redundarão em resultados mais palpáveis e imediatos. Quando não se tem ideia dos alvos e objetivos, a programação será frouxa, difusa, inconsistente e pouco transparente. Os programas de comunicação não se justificam e os profissionais estarão ameaçados em seus empregos.

Ter coragem para assumir riscos e gerar inovações

Em muitos casos, a chamada estratégia de *low-profile* em comunicação é sinônimo de incompetência, medo ou covardia. Quando os ambientes internos são instáveis, quando o contexto é muito sensível, os profissionais da comunicação encolhem-se na postura de salvar o emprego, mas sob o argumento de que a organização não pode ser submetida ao fogo cruzado dos meios de comunicação. O contexto social mudou. O fechar de portas é coisa do passado. A verdade, no entrechoque de ideias, acaba sempre aparecendo.

Nesse sentido, a postura do encolhimento acaba sendo um grande argumento para os ataques. Ademais, em momentos de crise, para continuar aparecendo e permanecer projetando um conceito, a organização necessita utilizar-se da comunicação. Ter coragem para assumir riscos, estabelecer programas inovadores e inteligentes de comunicação e procurar defender vigorosamente pontos de vista avançados devem ser metas dos profissionais que querem fazer a história de uma empresa ou instituição e não apenas passar por ela, como se fossem meros acidentes de percurso.

2. O IMPACTO DAS MUDANÇAS NA COMUNICAÇÃO ORGANIZACIONAL

AO ATUAL MOMENTO VIVIDO pela sociedade pode ser imputada, portanto, a marca de uma nova cultura civilizacional. Do ponto de vista do discurso/linguagem a ser construído e disseminado, precisam ser levados em conta os fenômenos que a caracterizam, tais como:

Desenvolvimento das novas tecnologias

O fenômeno gerou novas capacidades de absorção dessa (e adaptação a essa) densidade tecnológica. O quadro fez surgir uma geração de pessoas que já nasceram conectadas, por isso crescem com redes neurais e sinapses mais aceleradas, capazes de direcionar sua atenção simultaneamente a várias plataformas de informação e a linguagens (verbal, visual, auditiva, em vídeo etc.). Exemplo disso é o fenômeno da gamificação da linguagem.

Expansão da civilização do espetáculo, especialmente depois da universalização das redes sociais digitais

Disso resulta que a importância da informação passa a ser diretamente proporcional à base de espetacularização que pode gerar. A diversão entra como valor supremo da existência e assiste-se a uma verdadeira corrosão de valores como decência, ética e direitos individuais.

Reformulação de referências

As noções de *espaço*, *tempo* e *mentalidade* passam por profundas transformações e ocasionam uma implosão de barreiras, de todas as suas referências anteriores, obrigando as equipes de comunicação a pensar em novas dinâmicas, linguagens e ferramentas de comunicação, bem como na adaptação do conteúdo a essa realidade.

Enfraquecimento da capacidade de prever

A visão imediatista ganha fôlego e suplanta a capacidade de as pessoas estabelecerem associações entre os fatos e compreenderem melhor a dinâmica social. Na verdade, o consumo da informação em ritmo frenético elimina o tempo necessário para a fluidez do pensamento reflexivo.

Fortalecimento da informação como elemento central de articulação das atividades humanas

A informação torna-se a matéria-prima central de todas as percepções e sentidos. Para a maioria das pessoas, uma mercadoria ou um fato ganha relevância pela versão e imagem que projeta e não mais tanto pelas experiências concretas de vida e sensações prazerosas que possa proporcionar às pessoas. Por exemplo, a leitura como deleite e prazer estético perde espaço para o consumo da informação, especialmente aquela de vetor sensacionalista, sarcástico ou de *nonsense*.

Mudança da percepção sobre as coisas e o mercado pelas novas tecnologias

Com o expresso acima, o tempo de relação e maturação da informação, bem como a conotação de seu consumo e utilidade, muda sobremaneira o valor dos bens comercializados, sejam eles palpáveis e tangíveis ou simbólicos.

Novo cenário social da pós-modernidade

Aqui entram questões como insegurança, esgotamento do individualismo, cultura do corpo, preocupação com o trabalho e destruição da natureza. Como resposta a essa extrema e constante fonte de tensões, a sociedade, as instituições e as empresas veem-se diante da premência de trabalhar pela construção de uma nova ética e fortalecimento do paradigma da responsabilidade social.

EFEITOS DA REVOLUÇÃO TECNOLÓGICA DA INFORMAÇÃO

Cada organização deverá analisar de que forma esses fenômenos impactam em seu presente e futuro e se organizar, estrategicamente, para fazer frente a eles. Atualmente, na sociedade, destacam-se três visões dos possíveis efeitos da nova cultura civilizacional sobre o campo da comunicação. São elas:

Visão apocalíptica

Aqui residem cinco novos cenários a ser considerados na organização estratégica da comunicação:

- A conectividade da rede de comunicação impacta sobre o modelo de gestão das próprias empresas tradicionais de comunicação. Estas passaram a ser administradas conforme os paradigmas de empresas privadas tradicionais, tais como centralização das decisões; expansão dos investimentos; desenvolvimento de tecnologias digitais; acordos, fusões e parcerias; e concorrência intensa.
- Os novos modelos de gestão apontam para a expansão dos programas de entretenimento e o predomínio da linguagem do espetáculo, impactando da seguinte forma sobre a organização de mídia: independência editorial diminuída; crise do jornalismo investigativo; expansão do sensacionalismo; e enfraquecimento das produções regionais.
- Projetos de inclusão digital não oferecem claras possibilidades de as pessoas serem produtoras de conteúdos na rede. Trata-se de mais um agravo à fratura social. Nesse sentido, é uma ilusão a sensação de que, na internet, todos são autores, produtores de conteúdo. A maioria das pessoas não tem o que dizer. Haverá sempre a separação autor – leitor.
- O webjornalismo reforça o discurso dos grandes grupos televisivos e a base espacial das grandes cadeias noticiosas. Privilegia os já privilegiados.
- A comunicação globalizada acarreta o hibridismo e a morte do cidadão iluminista.

Visão integrada

- Nessa visão, a sociedade banha-se em novos conceitos, a partir da vitória da economia de mercado e da liberdade para os fluxos comerciais. As palavras-chave dessa nova era de prosperidade são "lucratividade", "eficiência", "avanço tecnológico" e "mercados consumidores".
- Com isso, observa-se ampliação e consolidação da democratização da informação.

Visão de Jesus Martin-Barbero[6]

A perspectiva aqui assume contornos ainda mais trágicos que a visão apocalíptica, segundo a qual a opulência comunicacional se insere no território da devastação social. Ela provoca:

- desigualdade social;
- concentração de renda;
- deterioração da cena política;
- estiolamento de princípios ideológicos.

MOLDURA PARADIGMÁTICA DA SOCIEDADE DIGITAL

Do contexto apresentado até aqui, é possível observar uma série de transições paradigmáticas, segundo a tabela a seguir:

TRANSIÇÃO PARADIGMÁTICA DA NOVA CULTURA CIVILIZACIONAL

SÉCULO XX	SÉCULO XXI
Grupo	Indivíduo
Empresa	Projeto
Produto	Concepção
Grupo de amigos	Grupo de interesses
Eixo casa-trabalho	Eixo trabalho-casa
Entretenimento passivo	Entretenimento ativo
Viagem física	Viagem virtual

6. Presente em obras como *Dos meios às mediações: comunicação, cultura e hegemonia*. Rio de Janeiro: Ed. da UFRJ, 2014.

Decisão hierárquica	Decisão compartilhada
Generalista	Especialista
Meio	Mensagem (o meio é uma das formas)
Espaço físico da informação	*Bits*
Tecnologia analógica	Tecnologia digital
Banda estreita (predomínio da transmissão por *modems* analógicos)	Banda larga (predomínio da transferência digital de dados)
Baixa velocidade	Alta velocidade
Protocolos fechados	Protocolos abertos
Sistemas de comunicação fixa	Sistemas de comunicação móvel

TRANSFORMAÇÕES E AVANÇOS NA MÍDIA

Tudo isso transformou a própria organização da mídia. As empresas de comunicação, mesmo grandes e poderosos conglomerados mundiais, passaram nos últimos anos por um processo de enxugamento de suas estruturas, fusões e reorientação estratégica. Nesse sentido, destacam-se os seguintes fenômenos:

- Centralização das mediações com o público no meio on-line, com ênfase aqui na experiência do *The New York Times*, com suas ações de convergência multimídia. O veículo notabilizou-se por lançar o projeto "Snow fall/The avalanche at Tunnel Creek", uma cobertura multimídia da tragédia em uma estação de *snowboard* e esqui, ocorrida em Washington, em fevereiro de 2012. Um jornal com grande tradição no meio impresso acabou ganhando com o projeto um prêmio da área de rádio e televisão, o Peabody.
- Maiores investimentos na plataforma técnica, caso do projeto "Snow fall", que mescla linguagem verbal e visual tradicional (como fotos de outra tragédia no mesmo local em princípios do século XX), com galerias de imagens (em *slide show*), animações, infográficos e vídeos. A empresa investiu em seis meses de reportagens em vários pontos dos Estados Unidos. A ideia é evitar a perda do interesse dos leitores mais jovens e ganhar a concorrência com o uso de aplicativos, *games* e redes sociais das plataformas digitais, especialmente as móveis.

- Necessidade, portanto, de enfrentar novos desafios e concorrentes e lhes dar respostas, tais como: aumento da oferta de informações jornalísticas com consequente queda do preço da publicidade no meio noticioso; maior participação do público no provimento de informação gratuita e espontânea, principalmente por meio das redes sociais, dos blogues e dos *chats* de discussões promovidos acerca de cada notícia veiculada no campo digital pelos grandes grupos de mídia; desmobilização de ativos fixos, como grandes impressos, edifícios e sistemas de transporte; maior investimento na captura e no gerenciamento da informação.

Com base nesse tripé, muda o conceito do jornal diário. Diante do imediatismo com que a informação chega às pessoas e replica em escala universal, o jornal diário perde sentido como fonte primária de informação. Ele se converte em sistema de produção de informações, especialmente aquele capaz de sistematizar bilhões de dados pulverizados na rede e conceder-lhe um ordenamento, uma reflexão.

Assim, ganham espaço profissionais capazes de analisar as informações, de antever tendências e apontar direções. É o caso dos repórteres investigativos. No entanto, cai sobremaneira a necessidade de manter um elevado número fixo de empregados no setor. Reduz-se também o poder da burocracia corporativa.

De outro modo, o valor agregado da publicidade cai a níveis preocupantes, obrigando a mídia a buscar um novo modelo de negócios, como o *pay wall* (pagamento para leitura dos jornais na base digital), por exemplo. A forma de remunerar a experiência da mídia no campo digital ainda permanece como incógnita, os grandes grupos não conseguiram transformá-la em negócio suficientemente rentável para cobrir ou superar os ganhos anteriores auferidos na plataforma analógica. Isso tem gerado a necessidade de reforçar a forma de publicidade. As redes sociais, os canais de vídeo e os buscadores na internet transformaram-se em grandes concorrentes da mídia convencional, mesmo a televisão.

PERSPECTIVAS

Uma das reações em curso é a mudança paradigmática da cobertura jornalística. Duas situações podem ocorrer nesse campo. De um lado, o surgimento de empresas destituídas do verdadeiro espírito jornalístico (investigativo, reflexivo e de serviços), interessadas apenas em utilizar a informação como *commodity* para a venda de espaço publicitário barato, sem preocupação com a qualidade. De outro, o lançamento de novas experiências dos grupos tradicionais ou de movimentos alternativos que visam àquilo que se poderia classificar como "nova onda ética e de cidadania". Emerge aqui o jornalismo comunitário, de serviços, além de campanhas de interesse público. O consumismo, então, dá lugar ao marketing de valores, o homem dimensional passa a ser questionado.

Já as redes sociais introduzem a chamada "democracia de conteúdos", pois o poder de escolha e certa autonomia do usuário lhe permitem controlar o acesso ao conteúdo de seu interesse. A soma dessas expressões individuais pode estar criando uma "inteligência coletiva" e, portanto, ditando os novos padrões da cultura e da mídia.

Para as organizações públicas e privadas, esse cenário projeta dois perfis de consumidores:

1. Aquele que irá compartilhar cada vez mais, e sempre, suas experiências com dado produto, serviço ou informação; ao mesmo tempo, ele atuará de forma colaborativa para criar conteúdos concorrentes e/ou convergentes e buscará um entretenimento de mais qualidade.
2. O internauta – consumidor tendencioso e raivoso, pouco crítico e com baixo interesse em informação, entretenimento e experiência de qualidade.

Na área da TV, a tecnologia digital tem permitido universalizar o acesso aos seus canais, ampliar a oferta de programas e introduzir experiências de interatividade com plataformas móveis. Por exemplo, a audiência pode opinar sobre determinado programa ou reportagem em um site específico na internet, bem como repercuti-los, em tempo real, por meio das redes sociais.

E no campo governamental a expansão dos recursos digitais tem facilitado a busca por transparência democrática e já se converteu em um espaço de comunicação mais imediata e direta dos cidadãos com os representantes das instituições. Também para a área de compras e controle de gastos do setor público, a internet tem ajudado a racionalizar processos e enxugar custos e desperdícios.

RISCOS

O mundo digital pede um novo modelo de governança que transpõe as fronteiras nacionais. Em primeiro lugar, é preciso registrar que o domínio da tecnologia para o fluxo e armazenamento de dados encontra-se hoje em mãos de corporações "invisíveis" ao internauta e mesmo a outras organizações. Elas têm poder quase incontrolável de monitorar as velocidades, bem como a troca do fluxo de dados, e fazer uso econômico ou político disso.

Também o internauta encontra meios explícitos e mais "anônimos" de cometer crimes cibernéticos, desde a pirataria de produtos autorais (notícias, imagens, filmes, músicas etc.) até golpes contra consumidores, tráfico e pedofilia. No Brasil, foi sancionada em junho de 2014 a Lei nº 12.965/14, conhecida como o Marco Civil da Internet, que estabelece formas de identificar o internauta e responsabilizá-lo civil e criminalmente pelos atos ilícitos. De qualquer maneira, a nova sociedade digital torna mais vulneráveis tanto as empresas de mídia quanto as organizações públicas e privadas.

PUBLICAÇÕES ORGANIZACIONAIS

Em meio a todo esse cenário em ebulição, cujos contornos mudam diariamente, as publicações organizacionais devem se propor a combater o desconhecimento a respeito da empresa ou instituição. Internamente, elas terão de ajudar a assegurar a boa produtividade, reforçando valores como profissionalismo, compromisso com a qualidade e engajamento na prestação de serviço proporcionada pelo produto ou pela solução. Externamente, terá de conseguir furar o bloqueio apertado da concorrência e aumentar as vendas e, consequentemente, os lucros. No caso de instituição sem fins lucrativos, terá de vencer "a guerra da informação" e ganhar destaque em termos de relevância do produto ou serviço que queira "vender".

Esse é o objetivo finalista, e para que se consiga atingi-lo as publicações (analógicas ou as virtuais) permanecem como importante caminho para essa conquista. Também contribuem para a realização de objetivos intermediários. Internamente, por exemplo, as publicações fortalecem o espírito de solidariedade e promovem certos ideais (estímulo, companheirismo, ensinamento, dedicação etc.). Externamente, elas projetam a boa imagem da empresa, mostrando sua organização, seus produtos, sua qualidade, suas técnicas. Tanto num caso como no outro, as empresas privadas, por exemplo, usam as publicações como veículos de comunicação instrumental para a conquista do seu maior objetivo: o lucro.

Esse objetivo apoia-se no esquema apresentado nas primeiras páginas deste trabalho. Para sobreviver, a organização precisa comunicar-se com o seu ambiente (sistema ambiental), precisa conhecer as regras do jogo competitivo (sistema competitivo) e precisa organizar suas estruturas internas, visando ao trabalho ordenado, do qual resultará o sucesso de sua política (sistema organizacional).

Numa dedução bastante lógica, esses três sistemas podem enquadrar-se em duas espécies de ambiente: o ambiente externo, compreendendo a comunidade exterior à organização e o mercado de competição; e o ambiente interno, isto é, a comunidade empresarial.

É no ambiente externo que identificamos aquele grupo de pessoas que têm certa ligação com a empresa ou para o qual esta dirige mensagens especiais: acionistas, consumidores reais e em potencial, distribuidores, representantes, imprensa, governo, comunidade técnico-científica etc. No ambiente interno estão os empregados, agentes, vendedores e todo o pessoal ligado diretamente à empresa.

Entre os inúmeros canais utilizados pela empresa para emissão ou recepção de informações nesses ambientes estão, infalivelmente, as publicações empresariais, que se dividem em dois grandes grupos: um que se dirige ao ambiente externo e o que se destina ao ambiente interno. Poderá haver um terceiro grupo, que se destinaria simultaneamente a dois tipos de ambiente, sendo formado, portanto, pelos dois grupos anteriores. A divisão é puramente formal, podendo comportar variantes de acordo com as necessidades da empresa. O primeiro grupo abrange as publicações externas e o segundo, as publicações internas. Suas características técnicas são as mais variadas possíveis, podendo assumir formatos, tamanhos, tipos de impressão e formas estéticas diferentes.

Caracterização

As publicações enquadram-se no processo de comunicação organizacional. Elas constituem canais de comunicação entre a empresa/organização e os sistemas cultural interno, ambiental e competitivo, podendo ser caracterizadas quanto aos seguintes aspectos:

Canais de comunicação instrumental

As publicações externas são fundamentalmente veículos instrumentais de comunicação, na medida em que objetivam projetar uma imagem e obter comportamentos externos favoráveis à empresa.

Canais de comunicação unilateral

Como não permitem um fluxo recíproco e constante entre a fonte (empresa) e o receptor (públicos), as publicações externas são veículos unilaterais de comunicação. A resposta que a empresa pode obter (*feedback*) por meio das publicações consiste numa comunicação esporádica (carta, por exemplo) e sem frequência definida.

Canais de comunicação descendente

As publicações externas são os veículos típicos para projeção de imagem, espelhando apenas as informações mais oficiais da direção organizacional, constituindo-se, portanto, em instrumentos de comunicação descendente.

Canais de comunicação formal

Sua imagem de porta-vozes oficiais da direção dá-lhes um caráter de formalidade. As publicações externas são canais formais de comunicação.

Canais de comunicação coletiva

Sua direção a uma audiência relativamente grande e heterogênea imprime-lhes a característica de veículos de comunicação coletiva, exercendo uma comunicação pública. Aqui entram em cena os canais de comunicação em rede a uma audiência massiva e heterogênea, mas não mais anônima nem indireta, características marcantes até o final do século XX. As plataformas digitais permitem a qualquer consumidor ou usuário do serviço estabelecido em qualquer ponto do planeta o contato direto com a organização. Recentemente, por exemplo, a direção máxima de uma cadeia esportiva global entrou em contato direto com um consumidor que foi mal atendido em uma unidade física da rede na cidade de São Paulo. Ele havia estabelecido contato com a direção por meio das redes sociais, bem como pelo próprio canal aberto pela marca em seu site oficial.

Canais de comunicação estrutural

As publicações internas são, sobretudo, um meio de comunicação destinado a assegurar um fluxo satisfatório entre a direção e os funcionários, enquadrando-se no nível de comunicação estrutural, cujo objetivo é o de criar e manter um clima coletivo favorável. Elas mostram aos empregados a política organizacional.

Canais de comunicação operacional e de motivação: objetivo instrumental

De um lado, as publicações internas transmitem informações relativas às atividades da produção, retratando operações que se processam em muitas partes da empresa e dando os conhecimentos sobre elas a todos (informações operacionais); de outro, fornecem informações que nem sempre se relacionam ao trabalho ou às operações. Elas visam criar um clima harmônico e produtivo (informações de motivação). O objetivo dessa comunicação é instrumental, na medida em que produz atitudes coletivas favoráveis ao bom andamento da empresa.

Canais formais e informais controlados

Vimos que o conceito de veículo formal é aquele que transmite as informações oficiais da direção. Isto é, são os veículos que nascem nas fontes oficiais, como os manuais de instrução, o material de procedimentos, as regras de segurança etc. O termo "informal" é aplicado comumente aos canais que divergem das vozes oficiais e nascem no interior da comunidade empresarial.

Uma análise mais acurada das publicações internas mostra que elas não se comparam aos manuais formais ou à rigidez dos canais de instrução da empresa. Analisadas sob esse aspecto, as publicações internas não podem substituir os veículos formais nem se igualar a eles. Atribui-se a elas um caráter de formalidade quando constituem um meio pelo qual a direção envia mensagens oficiais a todos os membros da empresa. Mesmo assim, essas mensagens são atenuadas pela diversidade temática que suas páginas apresentam. Analisadas sob outro aspecto, as publicações internas revestem-se de características informais ao retratarem as opiniões, as atitudes e o comportamento dos empregados. Nem todas as manifestações da comunidade são objeto de mensagens nas publicações. Um movimento grevista, por exemplo, não recebe apoio das publicações internas.

De um lado, podemos aderir à formalidade das publicações internas quando são instrumentos de mensagens oficiais ou pelo fato de pertencerem à empresa; de outro, elas são também instrumentos informais de comunicação, porém controlados.

Canais de comunicação descendente, ascendente e horizontal

Com esse mesmo raciocínio, podemos concluir que as publicações internas são instrumentos que servem a todos os fluxos de comunicação e não apenas ao fluxo descendente, fenômeno hoje potencializado pela interatividade proporcionada pelos canais digitais. As razões avocadas são as mesmas, isto é, as publicações tanto podem servir de instrumento de comunicação da direção para os funcionários como destes para a direção. O simples fato de a propriedade da publicação ser da empresa não justifica a sua exclusividade dentro do sistema de comunicação descendente. Ela nasce e se sustenta com as informações que vêm e vão para todos. São informações que não precisam atravessar níveis hierárquicos (de cima para baixo). Ao serem difundidas, constituem simultaneamente motivo de interesse para operários, chefes ou funcionários. Veiculando informações para pessoas do mesmo nível hierárquico, mostrando à direção as ações dos trabalhadores ou apresentando a estes as mensagens daquela, as publicações internas servem aos três fluxos de comunicação da empresa, circulando em qualquer sentido.

Canais de comunicação coletiva

A audiência de uma empresa, principalmente das empresas complexas que possuem unidades geograficamente dispersas, compara-se à audiência de massa, definida por Wright como grande, heterogênea e anônima em relação ao comunicador. As publicações internas até podem ser consideradas, nesse caso, veículos de comunicação coletiva, desempenhando o tipo de comunicação chamado de indireto-unilateral-público. O fato é que não há efetivo controle sobre os leitores (quem leu ou quem não leu as publicações internas).

3. A NOTÍCIA DE EMPRESA E O SISTEMA DE COMUNICAÇÃO

MESMO QUE O IMEDIATISMO da informação e sua espetacularização tenham conquistado relevância na caracterização da notícia, é preciso reafirmar o valor de seus paradigmas anteriores, valorizando-os na definição estratégica da comunicação.

O que se deve entender por *notícia empresarial* ou, extensivamente, *jornalismo empresarial*? A resposta comporta alguns planos de análise. Assim, podemos conceituar a notícia empresarial de acordo com o seu verdadeiro arcabouço teórico – a teoria jornalística; mas a dimensão inicial que deve se emprestar à notícia de empresa é a que se relaciona com a necessidade da organização em criar e manter fluxos de comunicação para sobreviver. Há, ainda, o conceito da notícia empresarial sob o prisma das relações públicas, relações humanas, relações industriais etc.

É importante não esquecer que o primeiro plano de análise coloca a notícia dentro dos objetivos da empresa, como sistema. Isto é, visualizamos melhor o conceito de notícia quando vinculamos suas funções aos objetivos da empresa. Poderemos compreender melhor essa colocação quando caracterizarmos a empresa como sistema.

A NOTÍCIA EMPRESARIAL E O SISTEMA DE COMUNICAÇÃO

A notícia empresarial integra os fluxos que sustentam o sistema de comunicação empresarial – fluxos que podem se dirigir tanto para as partes internas da organização como para o meio ambiente externo à organização – e assumem tanto a direção vertical (comunicação descendente/ascendente) como a direção horizontal (comunicação lateral).

Sendo transportada pelos canais que servem àqueles fluxos, a notícia empresarial assume uma primeira natureza: a de *mensagem socialmente significativa* para a empresa e seus diversos públicos.

Essa dimensão de limites tão amplos não é, no entanto, a mais técnica ou a mais característica para cobrir o rótulo "notícia empresarial". A proposição de *notícia empresarial* como *mensagem socialmente significativa* só é válida quando podemos atribuir ao termo o significado de "fato empresarial". Isso porque o termo "notícia" tem um conceito bem delimitado.

A NATUREZA JORNALÍSTICA

O termo "notícia" está inserto na terminologia jornalística, razão pela qual devemos atribuir à notícia empresarial uma natureza jornalística. É claro que as quatro características básicas citadas pelo teórico alemão Otto Groth (*apud* Belau, 1968) para respaldar cientificamente o jornalismo (*atualidade, periodicidade, universalidade* e *difusão coletiva*) e, consequentemente, para conceituar a notícia devem receber um tratamento especial, quando extrapoladas para o âmbito da empresa.

As publicações empresariais, na qualidade de veículos jornalísticos, portanto conduzindo a notícia, devem ter *periodicidade* isto é, devem aparecer em intervalos sucessivos e regulares. Precisam investir-se de fatos da *atualidade* que formam o *presente* da empresa (o presente na empresa não é o presente no jornalismo diário). Para assumir seu atributo de *universalidade*, as publicações podem, em princípio, apresentar informações sobre quaisquer áreas ou programas de interesse da empresa e de seus públicos. Por último, necessitam chegar ao público ao qual se destinam, devendo, para isso, ser difundidas.

No entanto, qualquer processo de transmissão de informações sofre influências de ordem econômica, política, social, cultural, jurídica, filosófica, ética, técnica, profissional etc. Nas empresas, fatores inerentes às conveniências da conjuntura empresarial influenciam o processo de informação. Daí a razão para se "tratar" a notícia de empresa.

3. A NOTÍCIA DE EMPRESA E O SISTEMA DE COMUNICAÇÃO

A universalidade, por exemplo, deve ser entendida como todo acervo de mensagens, em quaisquer áreas, que possa interessar à empresa ou à coletividade empresarial. Nem toda mensagem que interessa à comunidade pode ser transformada em mensagem jornalística e publicada pelos canais empresariais. Um movimento grevista, por exemplo, pode ser a grande notícia no jornalismo diário mas não o é na imprensa da empresa. Os atributos inerentes à notícia, como o imediatismo, a veracidade, o interesse humano e a importância, assumem, na empresa, significações particulares. Se um dos critérios utilizados pelas empresas jornalísticas para determinar o valor da notícia é a chamada "política editorial", o indicador mais seguro para determinar o conceito de notícia na empresa é a própria filosofia empresarial da organização.

A política de comunicação empresarial determina o conceito de notícia. Por princípio, essa política procura evitar toda espécie de mensagem jornalística sensacionalista, escandalosa, ou informações que possam provocar dúvidas quanto à integridade da empresa ou das pessoas, ou que questionem as normas empresariais. A informação jornalística não deve causar prejuízos aos interesses da organização e de seus membros. Apenas em casos excepcionais poderá ocorrer (caso da revista *Siemens*, que trouxe ampla matéria ilustrada sobre o incêndio do edifício Andraus, em São Paulo, em 1972. Razão: os escritórios centrais da empresa estavam localizados no prédio) a divulgação de fatos sensacionais que escapam ao controle da empresa.

Trata-se, também, de maneira especial, a questão da atualidade. A atualidade da notícia empresarial perde aquela concepção de rapidez que marca as informações nos veículos jornalísticos. Os fatos atuais da empresa podem ser os já acontecidos no intervalo de três meses anteriores ao aparecimento de uma edição, ou podem ser os que ocorrerão no mês ou nos meses seguintes. O mesmo ocorre com o conceito de difusão, que, nas grandes organizações, é dificultada pela dispersão geográfica das unidades e pelos esquemas tradicionais usados (distribuição feita em determinados locais fixos, que tornam difícil o acesso simultâneo de muitas pessoas).

ÂMBITO E OBJETIVOS

Até agora se definiu a notícia empresarial sob o prisma do jornalismo. Para situá-la dentro das relações públicas e de outras áreas, é preciso responder qual seu âmbito e quais seus objetivos. A resposta dependerá de um conjunto de fatores constituídos, por exemplo, pelo sistema ambiental para o qual se dirige a notícia (ambiente externo, ambiente interno), tipo de público, tipo de canal empregado etc. Cada tipo de ambiente ou público comporta um nível de análise. Mas podemos afirmar que à notícia empresarial podemos emprestar o mesmo rol de objetivos que, genericamente, servem à comunicação empresarial. Ora, a comunicação na empresa visa modificar e adaptar o comportamento das pessoas, influenciar atitudes e preferências, carrear todas as ações com vistas à execução das metas programadas. Externamente, a comunicação empresarial objetiva fazer conhecer e promover uma empresa, com vistas à obtenção de atitudes favoráveis por parte dos públicos externos.

É claro que a notícia empresarial, num primeiro plano de análise, pretende atingir esses objetivos pela informação. E aqui ela se diferencia da mensagem da publicidade. Não se trata, pois, da clássica publicidade institucional, exaltando os méritos de uma companhia. Trata-se da mensagem que enaltece, pela informação jornalística, o trabalho de uma empresa, entidade econômica que deve ser apresentada com lugar definido na economia de uma nação. Trata-se, na verdade, de desenvolver a fundo uma imagem de empresa, levando-se em consideração que a imagem criada pela publicidade é, frequentemente, artificial. Trata-se de congregar e unificar o conjunto de atividades de uma empresa (a publicidade ou promoção de vendas apresenta não mais que uma imagem parcial). Trata-se, enfim, de criar um clima de boa vontade entre diversos participantes da ação comercial por intermédio da informação, mesmo que essa informação, explicitamente, seja apresentada em forma persuasória.

Se, ao lado desses objetivos, que são também objetivos das relações públicas, a notícia deve produzir comportamentos internos favoráveis (maior prazer e satisfação no trabalho e nas relações de cada um com seus companheiros; atitudes mais desejáveis e mais racionais, em consequência de um maior sentido de participação e talvez de uma melhor informação acerca do ambiente de trabalho; um sentimento mais desenvolvido do dever, em consequência de uma definição mais clara de autoridade e de responsabilidade) –, pode-se concluir que a mensagem jornalística na empresa precisa ser conceituada de acordo com vários pontos de vista e apoiada em diferentes áreas, porque suas funções são múltiplas.

Internamente, procura integrar os objetivos das relações públicas e das relações humanas. Com um pouco mais de boa vontade pode-se afirmar que a notícia empresarial atende, inclusive, embora não de maneira integral, às necessidades das áreas de promoção de vendas e publicidade.

Dentro desse contexto, muitos são os objetivos perfeitamente atingíveis pelas publicações empresariais:

1. contribuir para o desenvolvimento de virtudes básicas nos funcionários (honestidade, consciência profissional, desejo de aperfeiçoamento técnico, solidariedade, dignidade pessoal e profissional, culto da família etc.);
2. estabelecer, pela informação e promoção dos produtos e atividades da empresa, uma sincronização de iniciativas e interesses entre a empresa e seus agentes diretos e indiretos de produção e vendas;
3. ampliar e consolidar uma consciência de qualidade em relação aos produtos e processos da empresa, tanto com o público externo como com o público interno;
4. exercer uma função de congraçamento e relações humanas dentro do público interno, visando fortalecer os vínculos de identificação e integração desse público com a empresa em que ele trabalha;
5. contribuir para a valorização cultural e humana dos funcionários, principalmente dos operários, por meio da divulgação de informações úteis, recreações, ensinamentos etc.;
6. estabelecer uma vinculação efetiva entre a empresa e a família dos funcionários por meio da divulgação de informações e ensinamentos que interessem não só aos funcionários, mas também a seus familiares;
7. promover um maior relacionamento entre empregado e empregador.

Ao se dirigir ao público externo, apresentando-lhe uma imagem positiva (de marca, produtos, pessoas, serviços), uma publicação jornalística de empresa complementa, com suas notícias, a batalha de projeção imagética e de promoção. Mostrando ao funcionário que o veículo interno é a única publicação que exalta o seu trabalho, que fornece notícias suas, sobre sua família, seus amigos, a empresa estará conquistando sua simpatia e confiança. O empregado certamente sentirá, nessa publicação, um veículo que participa, efetivamente, de sua vida profissional, familiar e comunitária. Identificando-se com o veículo, há de se identificar com a empresa.

OS CONTEÚDOS

A notícia empresarial abrange diferentes conteúdos, de acordo com os objetivos e o público a que se propõe atingir. De modo resumido, apresentamos alguns dos conteúdos que podem caracterizar a notícia da empresa. Geralmente ela se apresenta como elemento de apoio às seguintes atividades:

1. *Relações públicas da empresa* – objetiva aperfeiçoar os contatos entre a empresa e seus diferentes públicos (clientes, representantes, fornecedores, acionistas, pessoal, revendedores, varejistas etc.).
2. *Relações públicas financeiras* – enfoca os problemas das organizações no que diz respeito às finanças (bancos, bolsa ou companhias de investimento, relações com investidores e clientes etc.).
3. *Promoção comercial e industrial* – a notícia empresarial se propõe a informar o público sobre as atividades de uma associação ou um grupo de empresas.
4. *Promoção de produtos* – compreende a informação relativa a produtos e sua difusão em publicações especializadas.
5. *Relações com a imprensa* – a notícia empresarial procura estreitar as ligações entre a empresa e os órgãos de informação, apresentando fatos de interesse da imprensa ou simplesmente convocando jornalistas para entrevistas coletivas, visitas etc.
6. *Relações com poderes públicos* – procura estreitar contatos entre a empresa e os órgãos da administração pública, incluindo organismos internacionais.

7. *Relações com o meio comunitário próximo à organização* – procura enfatizar características da comunidade, realçando aspectos positivos extraídos de sondagens de opinião sobre a empresa ou produtos e/ou mostrando as relações da empresa com a comunidade próxima.
8. *Organização de manifestações* (feiras, exposições, mesas-redondas) – a notícia empresarial procura atingir públicos diversos.
9. *Contatos com os meios culturais* – o objetivo é o de promover a aceitação da empresa no mundo cultural – universitário-técnico-profissional.
10. *Comunicações internas* – procura criar um clima social interno favorável, seja explicando aos funcionários as grandes decisões da empresa, seja mostrando aspectos desconhecidos do trabalho, do ambiente e da própria comunidade.

AS FORMAS

Os tipos de conteúdos apresentados nem sempre assumem a "vestimenta" de notícia empresarial – da maneira jornalística como conceituamos anteriormente –, aparecendo, muitas vezes, sob formas que não as jornalísticas. É preciso, portanto, delimitar o campo da notícia empresarial sob o aspecto da forma. Para falar em forma, teremos de falar em canais.

Quais são os canais da notícia empresarial? Ou melhor, quais são os canais do jornalismo empresarial?

Numa análise sobre as publicações de uma empresa, podemos agrupá-las em dois grandes grupos: 1. compreende os *jornais*, as *revistas* e os *boletins eletrônicos*; 2. abrange os relatórios, os folhetos, os *folders*, as cartas pessoais, os comunicados ou as instruções impressas ou eletrônicas, os manuais de acolhimento, as circulares, as apostilas etc.

A natureza técnica das publicações do primeiro grupo permite que lhes atribua o designativo de veículos principais do jornalismo empresarial. São os jornais, as revistas e os boletins que assumem, mesmo que na plataforma digital, todas as características do jornalismo. Isso não significa que eles sejam os únicos veículos jornalísticos. Se a empresa utiliza, por exemplo, meios audiovisuais ou as redes de internet para transmitir informações de natureza jornalística, esses canais têm sido até agora a base maior de sustentação do jornalismo empresarial.

O segundo grupo inclui uma variedade de publicações com objetivos diferentes que, por sua natureza, não assumem características jornalísticas. Nenhum deles tem periodicidade definida e seu consumo se processa permanentemente. Por isso, integram o processo de produção de veículos gráficos de interesse permanente, característicos da área da editoração.

É importante distinguir os grupos de publicações porque só entendemos o conceito de notícia empresarial ou jornalismo empresarial quando alicerçado nos canais de natureza jornalística. Uma coisa é, portanto, a notícia empresarial; outra é o que podemos chamar de *mensagem empresarial*.

OS CANAIS E OS PÚBLICOS

Os canais do jornalismo empresarial dirigem-se basicamente a dois tipos de público: o interno e o externo. Os interesses comuns de ambos tornaram possível a existência de um terceiro tipo de canal jornalístico: publicações mistas, que tentam atingir, simultaneamente, os dois públicos.

É interessante observar que, para o público externo, as empresas usam um volume maior de veículos não jornalísticos: relatórios, balanços, folhetos, *folders*, manuais. Mas são os canais jornalísticos os mais apropriados para a comunicação da empresa com a comunidade. O jornalismo empresarial e seu produto – a notícia – são partes fundamentais naquele segundo processo que caracteriza a empresa e situamos no início: a aquisição de dados do meio ambiente e das partes internas para ser consumidos na definição de problemas e na tomada de decisões a serviço das tentativas de alterar o estado de coisas, a estrutura, o funcionamento interno etc.

AS PUBLICAÇÕES INTERNAS E A NOTÍCIA

É um erro pensar que as publicações internas – jornais, revistas, boletins – servem apenas ao fluxo de comunicação descendente. E pode ser um erro dos homens de relações públicas desejar caracterizá-los como tal. Na verdade, a publicação interna deve servir a todos os fluxos – descendente, ascendente, horizontal e mesmo em rede. É o instrumento mais apropriado para resolver problemas gerados pela burocratização, estabelecendo pontes informais entre os empregados. Suas vantagens podem ser medidas sob diversos ângulos. Em primeiro lugar, o público interno é o grupo que está mais próximo à empresa. O seu comportamento no ambiente desempenha um papel decisivo em sua vida. Qualquer mensagem que diga respeito ao seu trabalho influencia seu comportamento. A publicação interna é o único veículo de comunicação que traz mensagens cujas fontes podem ser os próprios funcionários, mensagens que interessam também às famílias. Lendo a publicação, o trabalhador pode formar um estado psicológico favorável ao bom desempenho de suas atividades operacionais. A empresa tem em mãos um instrumento para estímulo funcional, transformando-o no porta-voz dos benefícios, em promoções, nos serviços sociais e no melhor meio para estreitamento das relações humanas.

Desenvolve também um trabalho importante no campo das relações públicas externas. Munindo os trabalhadores de sólidas informações sobre a empresa – projetos, produtos, planos de expansão –, a publicação interna reforça as conversas e o intercâmbio de ideias sobre tudo que se relacione ao ambiente de trabalho do empregado. Além do mais, as empresas parecem estar convencidas de que uma das maneiras para se projetar está no comportamento externo de seu próprio pessoal interno.

A MENSAGEM NA PUBLICAÇÃO INTERNA

A mensagem na publicação interna deve abranger os mais diferentes conteúdos e tipos de matérias, envolvendo as áreas do jornalismo, da educação, do lazer etc. Exemplo:

1. *Matérias institucionais* – normas, regulamentos, portarias, avisos, produtos, serviços, projetos de expansão, recordes de produção etc.
2. *Matérias de motivação* – planos assistenciais, benefícios, promoções, concursos, prêmios, planos de sugestões.
3. *Matérias de orientação profissional* – segurança, higiene, saúde, conselhos úteis, programas de treinamento.
4. *Matérias educativas* – história, geografia, conhecimentos gerais.
5. *Matérias associativas* – esportes, festas, concursos, bailes, casamentos, nascimentos, falecimentos.

6. *Interesse feminino* – culinária, conselhos de beleza, moda.
7. *Entretenimento* – cruzadas, quadrinhos, curiosidades, adivinhações, testes.
8. *Matérias operacionais* – processos de fabricação, inovações técnicas.
9. *Família do empregado* – matérias de interesse feminino, concursos infantis etc.

PUBLICAÇÕES EXTERNAS

A empresa pretende, por meio dessas publicações, melhorar suas relações comerciais com os clientes reais ou potenciais e projetar uma imagem perante o ambiente externo. Por dirigir-se a categorias de públicos diferentes, esse tipo de publicação dificulta sua sistematização dentro do jornalismo. Muitas são estritamente promocionais.

Algumas publicações externas assumem a feição de "veículo de utilidade e/ou de prestação de serviço". Geralmente, são luxuosas, com matérias bem-feitas, impressas em papel de primeira qualidade, em cores. As matérias nem sempre se relacionam à empresa. O conteúdo tende à neutralidade. É claro que tudo depende do público. A notícia nesse tipo de publicação assume diferentes formas: matérias de política institucional; matérias operacionais; matérias sobre vendas; orientação a revendedores; motivação; interesse geral; matérias de entretenimento etc.

PROBLEMAS

A implantação de um projeto na área do jornalismo empresarial esbarra em alguns problemas. A título de ilustração, eis alguns pontos que poderão contribuir para o insucesso de projetos nessa área:

1. *Indefinição de objetivos* – quando os objetivos não são bem definidos, o projeto está fadado ao fracasso.
2. *Indefinição de responsabilidade* – quando muitas pessoas, de diferentes áreas, participam do projeto e divergem sobre ele, o produto poderá retratar as incongruências. A responsabilidade sobre o projeto deverá ficar bem explícita.

3. *Dimensão da empresa* – a dispersão espacial (geográfica) das unidades pode fragmentar a política de harmonização da empresa. Resta a dúvida: como atender os públicos de unidades diferentes de uma empresa?
4. *Linguagem* – a empresa abriga uma coleção de indivíduos de níveis socioculturais-linguísticos diferentes. Como atender, ao mesmo tempo, numa publicação interna, o operário e o engenheiro por meio de um único projeto?
5. *Seleção dos meios* – que tipo de canal melhor se adapta à empresa? Por quê? É preciso analisar as características técnicas dos canais sob os aspectos de custos e operacionalidade, leiturabilidade, atualidade, universalidade, facilidade de difusão etc.
6. *Publicidade* – é desaconselhável sob todos os aspectos a veiculação de anúncios de propaganda nas publicações de empresa. Exceção talvez para as revistas de associações que defendem interesses de *pool* de empresa. A publicidade em publicação interna provoca muitas distorções: o funcionário considera-se agente de produção intelectual da publicação, não admitindo a ideia de que a empresa está procurando ganhar dinheiro (ou compensar gastos) à sua custa; há ainda o perigo de o comando da publicação cair em mãos de anunciantes (troca de favores em textos).

Essas são algumas ideias sobre a importância da notícia de empresa para os sistemas de comunicação. Hoje, podemos dizer que essa atividade está sistematizada. A notícia empresarial ou o jornalismo empresarial ganha, a cada dia, mentalidade profissional. No entanto, é preciso lembrar que não se deve atribuir ao jornal ou à revista de empresa a missão de "milagreiro". Não são poucos os casos em que o fator determinante do lançamento de uma publicação externa ou interna é apenas uma vaga esperança de que ela, sozinha, possa estabelecer uma atmosfera favorável à empresa, de solidariedade, à base do "somos todos irmãos". Não devemos considerar a publicação de empresa um instrumento isolado. É preciso perceber que uma publicação de empresa é um meio novo para a obtenção de novos resultados. Trata-se de um instrumento de convergência e de transformação. Mais que um mero custo administrativo ou social, é um investimento que pode trazer novas e promissoras perspectivas para o sistema empresarial.

4. UM *CASE* HISTÓRICO: O PLANEJAMENTO DA COMUNICAÇÃO IMPRESSA NO MEIO RURAL

INTRODUÇÃO

O sucesso de todo e qualquer ato comunicativo – seja ele do processo de comunicação interpessoal ou do processo de comunicação coletiva – reside preliminarmente no conhecimento dos próprios ingredientes que integram o ato de comunicação. Como ponto de referência, lembramos a fórmula de Harold Lasswell para os atos e o estudo da comunicação: "Quem diz o quê, em que canal, a quem, com que finalidade".

Por mais simples que seja, o paradigma continua orientando importantes questões de comunicação, principalmente no aspecto do planejamento. Dentro dessa fórmula, identificamos todos os fatores que constituem obstáculos à eficácia dos atos comunicativos: fatores inerentes às fontes, mensagens, canais, cadeia de recepção, *feedback* etc.

No processo de planejamento da comunicação impressa para quaisquer públicos, o modelo é perfeitamente aplicável e sua necessidade torna-se concreta a partir do momento de definição dos componentes e limites do processo. Muitos de seus paradigmas devem ser hoje incorporados mesmo pelos canais que optem pela comunicação virtual, por meio dos diferentes espaços abertos pelas redes digitais.

A análise que será desenvolvida a seguir permanece válida para a construção de veículos, sejam eles ainda impressos (que permanecem fundamentais em seu papel de reter e sedimentar a informação) ou digitais.

As questões que colocamos quando estudamos o ambiente rural foram:

4. UM *CASE* HISTÓRICO: O PLANEJAMENTO DA COMUNICAÇÃO IMPRESSA NO MEIO RURAL

1. Qual seria o perfil de comunicação impressa mais adequado para um meio pouco acostumado à leitura?
2. Qual seria a atividade de comunicação que, em virtude de suas consequências, reais e potenciais, afetaria o funcionamento do sistema rural?
3. Quais são os obstáculos dos comunicadores para a obtenção de informação agropecuária?
4. Quais são as fontes de informação usadas pelos comunicadores para adquirir as informações técnicas?
5. Qual a natureza das dificuldades que devem enfrentar para comunicar informação ao meio rural, para transmitir novas tecnologias?
6. Quais os canais impressos mais indicados para uma eficiente comunicação rural?
7. Qual a utilidade das publicações existentes?
8. Que problemas são sentidos e reconhecidos por seu público?
9. Qual o interesse do público sobre o tipo especial de informação transmitida?
10. Que habilidade ou capacidade têm os agricultores para ler a mensagem? Que interpretação mais provável darão a determinadas informações técnicas?
11. Quais os meios disponíveis e/ou utilizados pelos comunicadores para avaliar o grau de utilização e de compreensão das publicações? Estão os comunicadores seguros sobre a reação favorável do público aos diversos canais e mensagens enviadas? Sabem os comunicadores em que fontes os agricultores têm mais confiança?
12. Quais obstáculos impedem a mudança?
13. Como se tem feito o intercâmbio entre os comunicadores? Qual é a participação dos comunicadores no processo decisório? Qual sua participação no estabelecimento dos planos, ideias e técnicas, utilizados na comunicação rural?
14. A estrutura atual de produção dos planos e técnicas da comunicação rural é a mais viável, a mais condizente com a realidade?

As respostas a essas perguntas poderiam indicar o modelo mais viável ao processo de comunicação impressa para o meio rural. A transmissão de conhecimentos e tecnologia aos agricultores não deveria limitar-se apenas à simples difusão de novas técnicas. Mesmo que o agricultor compreenda e aceite o conteúdo de uma nova ideia, o fato não terá maiores consequências se ele não a tornar significativa para a solução de seus problemas e não decidir adotá-la e incorporá-la em sua rotina de trabalho.

Ainda dentro do mesmo raciocínio, pode-se dizer que não se deve apenas ensinar o povo a ler, mas também propiciar seu acesso aos jornais. No caso da agricultura, vê-se que ela sofre influência e pressão para que se modernize. Ora, quando isso acontece, ela passa a exigir novas técnicas de divulgação e informação, que, por sua vez, dependerão para sua eficiência do grau de instrução e alfabetização do agricultor. A pergunta que se coloca é esta: deve-se pressionar o agricultor sem que ele esteja provido de novas técnicas e sem que possa adquirir o equipamento necessário?

Decisões erradas são frequentemente tomadas quando não se responde de forma adequada a perguntas como essa. O comunicador contenta-se simplesmente em alcançar o nível de conhecimento do agricultor sem tentar canalizar suas atitudes em relação às novas técnicas difundidas nem fornecer-lhe uma experiência mais interessante sobre as práticas recomendadas. Quer dizer: ele não se coloca no papel do agricultor, permanecendo na posição de codificador de mensagens.

O conhecimento de que, no campo, a resistência às mudanças é maior que nas cidades deve permear todos os planos que se estabelecem para as atividades de comunicação rural.

DEFINIR ESTRUTURAS

É importante definir estruturas que se responsabilizem pelas atividades de veiculação impressa, desde o marco inicial – o de planejamento e produção de mensagens – até o marco final – avaliação de efeitos e filtração dos resultados. Para o caso brasileiro, talvez seja conveniente imaginar uma estrutura de comunicação, em três níveis:

4. UM *CASE* HISTÓRICO: O PLANEJAMENTO DA COMUNICAÇÃO IMPRESSA NO MEIO RURAL

Estrutura de produção 1 (EP1)
Fonte matricial da comunicação rural

a) produção de ideias, técnicas, pesquisa de interesse estratégico;
b) seleção de acordo com objetivos e necessidades nacionais;
c) escolha de canais técnicos adequados;
d) tratamento de conteúdo e forma de acordo com públicos institucionais;
e) estrutura de armazenamento e disseminação das mensagens produzidas;
f) estrutura de avaliação dos efeitos com os públicos e filtração dos resultados.

Estrutura de produção 2 (EP2)
Matriz de recepção das mensagens produzidas pela EP1 e de codificação de novas mensagens

a) recebimento, leitura, avaliação, produção de novas ideias e técnicas;
b) seleção temática de acordo com as necessidades dos públicos (extensionistas);
c) escolha de canais técnicos adequados;
d) tratamento de conteúdo e forma;
e) estrutura de armazenamento e distribuição de mensagens;
f) estrutura de avaliação dos efeitos com o público e filtração dos resultados, passagem de resultados para a fonte matricial da comunicação rural.

Estrutura de produção 3 (EP3)
Matriz de recepção das mensagens produzidas pela EP2 e de codificação de novas mensagens

a) recebimento, leitura, avaliação, produção de novas ideias e técnicas;
b) seleção temática de acordo com as necessidades dos públicos: produtores/agricultores;
c) escolha de canais técnicos adequados;
d) tratamento de conteúdo e forma de acordo com os públicos a que o canal se destina;

e) estrutura de armazenamento e distribuição de mensagens;
f) estrutura de avaliação dos efeitos com os públicos e filtração dos resultados. Passagem de resultados para as estruturas 1 e 2.

CONCLUSÕES

Torna-se evidente pela simples análise do fluxo de produção das mensagens que nada funcionará a contento se não houver o estabelecimento de um programa global que procure satisfazer as necessidades finalistas do principal responsável (público) pelas mudanças e constitui o objeto central de toda atividade da comunicação: o homem do campo.

O fluxograma da comunicação rural permite que se faça uma série de observações:

1. As estruturas de produção de mensagens não podem trabalhar isoladamente. Elas se completam e se interpenetram.
2. A definição de programas e projetos de pesquisas, feita pela estrutura 1 de produção, deve levar em consideração as necessidades apontadas pela estrutura 3. Esta, de vanguarda, é a que possui melhores condições de apontar problemas e necessidades; daí a importância de sua participação no processo decisório.
3. A estrutura 2 de produção, funcionando como articuladora e seletora de informações entre as estruturas 1 e 3, deve estabelecer um programa de prioridades, de acordo com as necessidades de sua área. A estrutura de avaliação e filtração de resultados fornecerá os elementos necessários a um programa prioritário.
4. Independentemente das fontes permanentes de informação, as estruturas 2 e 3 devem ter condições de elas próprias produzirem ideias e técnicas que possam ser levadas ao meio rural, por meio de canais impressos, orais e audiovisuais.
5. Torna-se necessária, dentro da estrutura de produção 1, a criação de um eficiente sistema de captação e armazenamento de informações. Seu objetivo seria o de filtrar, já no processo inicial, as mensagens a ser destinadas às estruturas 2 e 3, uma espécie de grande banco de informações.

6. O fluxo de distribuição entre uma estrutura e outra deveria obedecer a um cronograma sistemático, ordenado, dentro de periodicidades definidas.
7. As estruturas 2 e 3, principalmente esta última, deveriam organizar seus sistemas de armazenamento de informações e a criação de fontes sistematizadas de consulta (bibliotecas, arquivos etc.).
8. As estruturas, na escolha de canais de codificação de informação, deveriam promover intercâmbio, visando ao estabelecimento adequado de veículos para seus respectivos públicos, definindo métodos e técnicas de tratamento. Cada uma deve estabelecer os seus próprios canais impressos. A regra geral é esta: à medida que os veículos impressos saem de uma estrutura para outra, de um público para outro, devem ser mais simples e menos sofisticados. Assim, chegar-se-ia a canais bem simples e funcionais destinados ao agricultor.
9. Os grupos de avaliação devem constantemente fornecer elementos visando ao aprimoramento dos canais e técnicas usados. Se as circulares técnicas ou os comunicados técnicos, elaborados para a extensão, não estão produzindo resultados satisfatórios, a avaliação deverá fazer pesquisas para identificar as causas.
10. Cada estrutura num trabalho conjunto efetuará pesquisas visando identificar a utilidade das publicações, o impacto do veículo sobre o público, as temáticas preferidas e os temas a ser ampliados.

GLOBALIZAÇÃO DA SITUAÇÃO

Muitos problemas envolvem as atividades de planejamento, tais como:

- *a quem se dirige a mensagem* (a recepção, situação do destinatário);
- *o conteúdo, o tipo de forma da mensagem* (o veículo);
- *o reforço de mensagem* (material de acompanhamento);
- *a análise dos efeitos da mensagem* (a avaliação).

Essas questões sugerem, preliminarmente, a atenção para: 1. *sondagem ou exploração* (levantamento dos dados socioculturais, econômicos e ambientais da comunidade); 2. *seleção* (seleção do material básico e complementar; seleção de técnicas adequadas ao veículo; seleção de técnicas de apresentação); 3. *organização e elaboração* (fase de produção); 4. *controle* (supervisão do desenvolvimento da publicação e da recepção do projeto); e 5. *avaliação* (etapa final de verificação, quando serão analisados: a) o *planejamento;* b) a *execução;* e c) o *aproveitamento pelo agricultor*).

É evidente que o projeto para uma publicação rural deve estar fundamentado numa *internacionalidade* formativa, inserto no planejamento global que inclui, até, a previsão de efeitos a atingir.

IDENTIFICAÇÃO DAS MENSAGENS

Estabelecidas essas premissas, o trabalho do comunicador começa com a identificação de mensagens que poderão produzir efeitos nos agricultores. Eis a regra geral: só interessam, para efeito de veiculação impressa, fatos socialmente significativos e de atualidade, isto é, que venham a ter relação direta ou indireta com os objetivos e as necessidades do seu público.

Dentro de uma classificação genérica, esses fatos socialmente significativos inserem-se em categorias distintas, tais como:

1. *Documentos de interesse geral ou particular:* a) *comunicados* – avisos de interesse geral ou particular, transmitidos por organismos oficiais; b) *esclarecimentos* – exposições feitas em relação a determinados acontecimentos, que provoquem dúvidas no público ou explicações em resposta a questões levantadas; c) *pequenos informes* – indicações úteis, práticas dadas diretamente aos interessados.
2. *Relatos detalhados do dia a dia:* descrição bem pormenorizada dos fatos significativos (que não interessam, talvez, ao comunicador rural).
3. *Fatos diversos:* descrição sucinta ou detalhada de experiências atuais que possam interessar ao público.
4. *Notícias:* informes de primeira mão (objeto central dos meios de comunicação de massa).

Essa categorização leva-nos à seguinte conclusão: a informação, a mensagem não é um bloco monolítico; ela apresenta variedades e funções diferentes. Daí exigir, em sua fase de preparação, tratamentos diferentes.

CAPTAÇÃO

Diante da massa de informações que tem ou pode dispor, como o comunicador pode ordenar o seu trabalho? A resposta é: estabelecendo eficientes critérios de captação. Essa captação se ordena em torno de 4 (quatro) operações fundamentais:

1. *Determinação do objeto* – quando o assunto lhe é imposto por circunstâncias, não sendo, portanto, livremente escolhido (é preciso consciência criteriosa para ver o que é importante). Quando os acontecimentos surgem ao acaso, exige-se um esforço para fixar seus limites em relação ao tempo, ao lugar, às pessoas etc. e decidir a orientação que será dada aos fatos pesquisados, com determinação de informações principais e secundárias.
2. *Coleta de dados* – pode ser feita por observação direta, entrevista, questionário, consulta de documentos. Cada um desses meios exige precauções para a precisão e objetividade. Na consulta de documentos, por exemplo, o comunicador analisará profundamente o valor intrínseco das mensagens, as maneiras de elaboração, a intenção e situação dos autores. Dessa análise vai depender o tratamento das mensagens consultadas e pesquisadas.
3. *Análise das informações pesquisadas* – fase em que o comunicador faz a *depuração, codificação, manipulação* das informações, medindo a qualidade e a quantidade e enquadrando-as dentro do contexto escolhido para a veiculação.
4. *Síntese* – fase de operação final, muito difícil e delicada. É a síntese que coloca, em seus devidos lugares, todos os elementos do fato, sem torná-lo ambíguo ou deturpado. É preciso que o comunicador tenha grande domínio da linguagem, evitando deformações, enganos, simplificações exageradas, erros por omissão e interpretações errôneas e temerárias. É na síntese que se manifestará a qualidade do comunicador como pesquisador.

PLANEJAMENTO TÉCNICO

Se já conhecemos o público, o seu nível médio, as características e polos dinâmicos da comunidade; se já estabelecemos os objetivos da programação e da publicação; se já sabemos de onde vamos tirar as informações; se já vimos que as mensagens podem assumir funções diferentes, de acordo com sua categorização (informativas, interpretativas, opinativas); e, por último, se já dispomos de um ordenado sistema de captação, a pergunta que colocamos é: qual o tipo de publicação mais aconselhável para o público a que se destinam as mensagens pesquisadas e mais adequado para a obtenção dos efeitos desejados? Qual a publicação ideal para fazer comunicação rural?

Não há resposta fechada para essa pergunta. Talvez a resposta nem seja necessária, pois qualquer publicação elaborada com adequação pode ser um instrumento eficiente e de mudança. É conveniente, apenas, saber que cada publicação tem seus condicionamentos e funções específicos, qualquer que seja a estrutura produtora.

James McCloskey (1960), em *El periodismo industrial*, chega a afirmar radicalmente que "é preferível não possuir publicação a ter uma planejada de maneira errada". Planejar um veículo impresso não é apenas definir os assuntos e escolher os nomes dos títulos, nem simplesmente programar e cumprir um cronograma de execução, ou submeter cada edição a críticas. Tampouco é apenas definir um estilo de redação e diagramação, providenciar os meios para a execução de todas as tarefas em tempo hábil, ou coordenar as atividades de preparação do veículo, de forma adequada às limitações de impressão. Planejar é considerar, coordenadamente, todos esses itens e alguns outros, numa concepção global da publicação – quanto aos objetivos, às características e aos meios.

Por essa razão, o planejamento de uma publicação aplica-se em qualquer fase de confecção de um veículo, em qualquer época. Se o veículo vai ser lançado pela primeira vez, é preciso planejamento para o lançamento; se já existe, se ele se caracteriza com propósitos inatingíveis, é aconselhável planejamento para sua reformulação. Para assegurar ao veículo um bom padrão de comunicação, é conveniente planejamento para sua adequada execução. Fazer modificações constantes, pelo menos de seis em seis meses, é uma boa sugestão.

Em todas as modalidades de planejamento são necessárias as perguntas: para quem se destina o veículo? Quais os efeitos desejados? Que tipos de matérias devem predominar? Em que estilo elas devem ser escritas? Qual o tipo de impressão? Qual o tipo de veículo? Jornal, boletim, revista, folheto, *folder*? Qual o formato, a periodicidade, o tamanho?

PEQUENO MANUAL DE PLANEJAMENTO PARA VEÍCULOS IMPRESSOS

A – Planejamento de lançamento

1. *Definição de objetivos e características de público* – Depois de conhecer o tipo de mensagem global proposta, deve-se encontrar a melhor maneira de transmiti-la, para que seja captada e entendida, e produza os resultados desejados. Daí a necessidade de conhecer o público (nível cultural, padrão socioeconômico, faixas etárias predominantes, padrões de vida comunitária e associativa, caracterização profissional etc.).
2. *Definição de tipo de veículo* – Seleção entre relatórios, circulares, boletins, folhas soltas, folhetos completos, *folders*, jornais, revistas, manuais de instrução, apostilas (veículos mais comuns na comunicação rural).

    Pelas características técnicas, esses canais impressos assumem aspectos diferentes quanto à forma e ao conteúdo. Alguns têm maior intensidade jornalística; outros, características da área de editoração. Por exemplo:

    Relatórios – Grande número de páginas; texto escrito em ordem cronológica crescente, embora apresente um resumo do trabalho na primeira página; linguagem altamente técnica e estatística; grande utilização de gráficos; parcos recursos de impressão. Público: especializado.

    Circulares – Formato e tamanho menores que o relatório. Ilustradas, prestam-se à comunicação de orientação (práticas recomendadas); linguagem técnica e estatística, num nível mais baixo; geralmente apresentam mais de uma cor; resumo de relatórios ou pesquisas. Público: técnico.

Boletins – Veículo enquadrado na área jornalística; poucas páginas; linguagem média, embora possa atingir níveis baixos; texto que pode equilibrar-se com fotos; logo definido; geralmente impresso em uma só cor; filtração de resultados de pesquisas (texto-resumo, escrito em ordem cronológica decrescente).

Folhas soltas – Reduzido número de páginas (uma só); linguagem média; presta-se à veiculação de avisos e a fatos de primeira mão; de utilização imediata; matérias curtas, objetivas, de alto conteúdo, escritas em ordem cronológica decrescente; impressão simples; logo definido.

Folders – Menor formato entre os veículos; desdobrável; pequeno tamanho; sobreposição da linguagem visual à linguagem escrita; texto apoiando imagem; presta-se à recomendação de práticas; impresso em mais de uma cor; linguagem de *flash* (pílulas, *drops*); ordem didática, cronológica e crescente. Público: agricultores.

Folhetos – Formato pequeno; tamanho relativamente pequeno; logotipo definido; pode ser impresso em mais de uma cor; texto objetivo, linguagem média, podendo atingir níveis mais baixos para alcançar o agricultor; utilização de recursos gráficos acentuados; presta-se tanto a fatos e avisos de primeira mão como à recomendação de práticas; técnicas mistas de redação, de acordo com a matéria. Público: técnicos ou agricultores.

Jornais (tabloides) – Veículo altamente jornalístico; periodicidade definida; presta-se a objetivos múltiplos, avisos de primeira mão (notícias), comentários explicativos; artigos assinados; entre 30 e 40% de apoio visual (ilustrações, fotos); boa determinação de matéria por página; formato normal ou tabloide; impresso em tipografia ou *offset*; técnicas redacionais mistas.

Revistas – Veículo mais sofisticado entre todos; grande apoio da imagem visual; maior número de páginas (tamanho), formato médio; adequado às grandes reportagens e matérias explicativas; linguagem média; presta-se também à veiculação de matérias informativas (avisos), opinativas (artigos assinados, crônicas, editoriais); grande poder de permanência com o público; periodicidade mais larga. Vantagem: atender públicos diferentes. Perigo: grande exagero na sofisticação e nos recursos gráficos.

Manuais – Grande volume de texto; poucos recursos gráficos; presta-se a matérias de orientação; veículo mais didático entre todos; formatos diversos; sem caracterização de logo; sem periodicidade definida; orientação de interesse permanente; linguagem numerada (1º, 2º, 3º). Perigo: pouca acessibilidade, ante os seus parcos recursos de apresentação. Vantagem: concentração de resumos e resultados dentro de uma apresentação cronológica. Dependendo da linguagem, pode atingir o agricultor.

Apostilas – Matérias de ensinamento e orientação; ilustradas; parcos recursos de impressão; interesse permanente; sem preocupação com linguagem; textos técnicos detalhados; sem limite de páginas; formato-padrão em papel-ofício; o canal satisfatório para equipes em treinamento.

3. *Definição de formato e tamanho* – São características técnicas que devem ser determinadas após traçar os objetivos e o tipo de público. O formato e o tamanho influem decisivamente nos índices de leiturabilidade do veículo. O formato sugestiona, cria o impacto. Por formato entendem-se as dimensões (em centímetros ou milímetros) da altura pela largura. Por tamanho entende-se a quantidade de páginas da publicação. Essas duas características devem interpenetrar-se em conjugação harmônica. Seria improdutivo, por exemplo, elaborar um *folder* ilustrativo com 30 páginas. Cada formato exige determinado tamanho, embora a regra não seja rígida. Os veículos que apresentam grande volume de texto e pobres recursos gráficos devem evitar excessivo número de páginas. O caminho é o equilíbrio.

Uma revista, que pode se prestar à veiculação de matérias diversas, tem condições de ampliar seu número de páginas (tamanho) e escolher o formato certo, embora o aumento de tamanho não signifique, necessariamente, aumento de formato. Com protótipos de veículos impressos, pode-se, antes do lançamento, testá-los, verificando sua eficiência.

4. *Definição de periodicidade e tiragem* – A periodicidade – característica responsável pela edição em períodos regulares da publicação – não apenas fixará a imagem perante o público, como fortalecerá a personalidade do veículo, criando permanentemente um estado de expectativa. Não há publicação que resista aos hábitos do leitor se não tiver periodicidade regular e for obedecida rigorosamente. Sem periodicidade, não existe um veículo em condições de fixar imagem. É ela que vai dar a garantia de um público sempre fiel, sempre disposto à aquisição e leitura da publicação.

   Regra geral: Os veículos mais sofisticados, com maior número de páginas e maior impacto visual, podem ter periodicidade mais ampla; veículos simples, modestos, pequenos precisam ter periodicidade com espaço de tempo menor.

   Tiragem – Para cálculos de tiragem, considera-se a extensão quantitativa dos públicos específico e geral que têm acesso à publicação. Um bom arquivo e uma boa listagem de endereços (pessoas, organizações, associações, líderes de opinião, agricultores) são a melhor indicação para os cálculos de tiragem.

5. *Definição de tipos de papel e impressão* – O papel e a impressão são os elementos estéticos que ajudarão a penetração do veículo no público. Eles são também responsáveis pelo impacto que a publicação poderá causar ao público. A regra geral que se aplica ao caso é a seguinte: para os leitores médios, quanto melhor for o papel, quanto mais bonita e moderna for a impressão, de mais prestígio gozará a publicação. Com o público – agricultores –, a sofisticação exagerada na qualidade de papel e impressão pode provocar a chamada "reversão das expectativas". (Reação mais provável: "Este tipo de coisa não é para mim!")

   Evidentemente, essas duas características influem mais decisivamente na estimativa orçamentária da publicação. Por isso, quanto maior for a verba para a confecção, em melhores condições este será apresentado. Devem-se evitar, porém, os recursos conhecidos como "soluções de escritórios": o mimeógrafo, o *rota-print* etc. Pela análise dos veículos de informação rural, verifica-se que a impressão é feita em equipamentos das próprias instituições. Na maioria das publicações, a qualidade de papel e impressão está abaixo de um nível médio, mas isso não chega a causar preocupações porque se verifica, paralelamente, interesse homogêneo entre os públicos dos veículos.

6. *Definição de estrutura de distribuição e circulação* – As estruturas de produção de mensagens devem se valer de eficientes sistemas de distribuição. O que interessa, depois da publicação impressa, é fazê-la chegar ao seu ponto de destino. Deve-se fazer que a publicação chegue ao público, em tempo hábil, ainda no período de gestação de determinados fatos e acontecimentos. No caso de veículos que assumem características permanentes – matérias que têm permanência no tempo, como manuais, *folders*, relatórios –, o tempo para distribuição pode ser mais longo. Nos veículos jornalísticos, a distribuição deve ser rápida. A seção encarregada pela comunicação, enfim, estabelecerá os melhores critérios de distribuição (incluindo reuniões periódicas, visitas às casas da lavoura; não é muito recomendável o envio pelo correio).

Circulação – Um objetivo de qualquer publicação, seja para agricultores ou para técnicos, é o de ganhar, cada vez mais, novas faixas de público. Por isso, recomenda-se estabelecer, inicialmente, as áreas em que determinada publicação será útil. As estruturas produtoras de veículos impressos efetuarão intercâmbios, visando à identificação de necessidades temáticas, à realização de um trabalho racional, coordenado, evitando repetições ou dispersão de verbas. Poderão elaborar um cuidadoso mapa de circulação com a relação dos contingentes de públicos.

B – Planejamento de execução ou reformulação

1. *Definição da estrutura editorial* – A estruturação editorial (temática) da publicação deve ser precedida da esquematização morfológica do espaço. Por exemplo: 20% para matéria de orientação – práticas recomendadas; 30% para informações de primeira mão; 20% para matérias de interesse permanente etc. Conclusão: aconselha-se, num veículo

qualquer, oferecer temáticas diversificadas. Há as exceções: circulares técnicas que tratam apenas de um só assunto.

De acordo com essa hipotética divisão temática, define-se a estrutura editorial prevendo-se o que entra em cada página. Essa estruturação editorial traz, entre outras, as seguintes vantagens: 1. possibilita uma organização racional da publicação, atendendo às exigências de distribuição lógica dos assuntos, dentro de uma técnica de polos *motivadores* de leitura ao longo de toda publicação, porque determina espaços para dado assunto e define as necessidades de informações, gráficos, ilustrações, matérias com objetivos diversos; 2. simplifica o planejamento detalhado de cada edição; 3. marca as características físicas da publicação, facilitando para o leitor a busca de assuntos de seu interesse mais imediato.

2. *Definição de um cronograma de execução* – A observância rigorosa da periodicidade da publicação, além de "importância básica" do comunicador, é fator essencial para sua afirmação e credibilidade com o público. A irregularidade de circulação amortece o interesse pela leitura. É preciso criar vínculos fortes entre o veículo e o receptor. Por isso, o estabelecimento e cumprimento de prazos devem ser leis das mais rigorosas na escala dos procedimentos editoriais.

Um cronograma é elaborado a partir da data estabelecida para a distribuição e circulação, no sentido retrocedente. Assim, se a data estabelecida for o dia 30 de cada mês (distribuição) e o equipamento gráfico para a composição e impressão da publicação necessitar de dez dias, a redação e a diagramação devem estar prontas no dia 20; se o volume do material e a disponibilidade material exigirem cinco dias para a preparação (redação) final de toda a matéria, a data de encerramento da coleta de dados, pesquisa documental etc. será o dia 15; supondo que os meios existentes não permitem fazer em menos de dez dias todo o trabalho de campo – coleta de dados, pesquisas, consulta a arquivos –, então o planejamento de cada edição deverá realizar-se, em vez do dia 30, no dia 5 do mês seguinte – considerado dia de distribuição.

3. *Planejamento detalhado de cada edição* – Estando definidos os objetivos, as características, a estrutura editorial, o cronograma de execução,

o planejamento de cada edição fica bastante facilitado, o que não significa ser menos importante. O planejamento da edição é indispensável ao controle de qualidade de cada número. Permite racionalizar o trabalho, possibilitando uma visão de conjunto e contribuindo, também, para fazer eventuais correções durante as etapas sucessivas que começam na programação e terminam na impressão final. Esse planejamento terá, entre outros aspectos, programação editorial da edição, com definição de matérias por página – página por página, matéria por matéria, seção por seção.

A sensibilidade do comunicador ajuda o planejador a antever, em termos de qualidade, o resultado final da edição. E pode ele, por isso, ter condições de prever assuntos, com temas e ângulos de maior interesse e utilidade, eliminando os pontos fracos do projeto da edição.

No planejamento, é bom prever, igualmente, os instrumentos (pessoas, pesquisas, arquivos, contatos) que serão acionados para que a execução se processe no prazo estabelecido e com a qualidade desejada. É aconselhável tecer, inclusive, os detalhes da execução, sempre visando ao melhor resultado final. Exemplos: escolha de assuntos para as capas; idealização dos melhores efeitos gráficos e fotográficos para ilustração: previsão de pesquisa para determinada matéria etc.

4. *Avaliação prévia do material a ser publicado* – Após a publicação sair, de nada adianta dizer: "Isto está muito ruim". A estrutura responsável pela publicação se encarregará de todos os textos, corrigindo, confirmando informações, eliminando ou substituindo palavras impublicáveis, o que evita dissabores posteriores e contribui para a qualidade da publicação. O texto deve estar sempre correto.

5. *Definição de planejamento gráfico* – O planejamento gráfico é meta importante no veículo; ele irá ditar as normas de apresentação gráfica do material a ser publicado. Por isso, é importante a preocupação pelo retrato, pelo esboço. A parte gráfica antecipa o retrato da publicação, mesmo antes de sua impressão. Conjugará os diversos aspectos: formato, tamanho, tipo de papel e impressão, organização etc. Esse planejamento tem início na elaboração de um *layout*, etapa em que se define a

linha gráfica da publicação. Prevê uma variedade de recursos gráficos, bem como sua disposição nas páginas.

O planejamento gráfico facilita a diagramação e esta, tecnicamente bem-feita, facilita todo o processo de confecção industrial da publicação. Porém, a função mais importante da diagramação não é essa, e sim a de estimular e facilitar a leitura, transformando o encontro com a publicação em momentos agradáveis para o leitor. A diagramação possui, igualmente, uma função didática, principalmente para os públicos menos afeitos à leitura, como os agricultores: a de atrair e orientar a busca de assuntos. A lei maior da diagramação: são erradas todas as soluções gráficas que dificultam a leitura. Para evitar esses riscos, torna-se conveniente definir um projeto gráfico padrão, com características da diagramação e os recursos técnicos artísticos adequados a cada caso: marcação de tipo de coluna, corte e utilização de fotografias, disposição e tamanho dos títulos, subtítulos e intertítulos, colocação de legendas e textos-legenda, fios entre as matérias, boa disposição do espaço em branco, aplicação de fundos e retículas em matérias e títulos, colocação adequada de gráficos ou esquemas, escolha de tipologia gráfica para cada matéria e títulos etc.

Todos esses elementos precisam estar harmonicamente apresentados na página, formando equilíbrio gráfico. Um cuidado especial do planejamento gráfico está nas capas. Elas devem marcar. Para isso, aconselha-se um cuidadoso trabalho para torná-las chamativas à leitura. O logo (a marca) da publicação merece ser bem estudado, já que será símbolo constante.

6. *Comando da publicação pela estrutura de produção* – A grande preocupação de quem edita uma publicação está, muitas vezes, ou na falta de matérias para veiculação ou no estabelecimento de matérias prioritárias. Em alguns casos, o editor, o comunicador responsável pela publicação, não sabe o que veicular. Por isso, com as adequações que cada caso requer, pelo menos 70% do material a ser difundido pode ser planejado previamente: reportagens, notícias, práticas recomendadas. Os 30% restantes ficariam reservados a matérias de última hora, aquelas

4. UM *CASE* HISTÓRICO: O PLANEJAMENTO DA COMUNICAÇÃO IMPRESSA NO MEIO RURAL

que fogem ao seu comando imediato. Com essa definição, a qualidade média de cada edição estará plenamente assegurada. O comando do responsável cobrará também obediência ao cronograma de execução. Caso ele tenha encaminhado determinada pesquisa para fazer uma matéria e esta não fique pronta dentro dos prazos previstos, deve-se ter condições de elaborar, em substituição, uma matéria nova, capaz de permitir que o cronograma de execução seja cumprido.

7. *A crítica da edição anterior* – A reunião para o planejamento da execução deve iniciar-se com a análise crítica da edição anterior, quando diversos comunicadores poderão apresentar suas observações a respeito da qualidade – *conteúdo* e *forma* da publicação. Essa crítica será mais proveitosa se, previamente, alguém tiver sido indicado para fazê-la, de preferência por escrito. Ela se orientará em dois sentidos: 1. uma análise de maior profundidade, envolvendo, especialmente, a *redação* (peso das informações, estilo, gramática, dinamismo, volume das informações etc.), a *técnica dos títulos* (imaginação, objetividade, veracidade, impacto etc.), a *diagramação* (equilíbrio, dinamismo, estética, criação, inovações, sequência gráfica etc.) e a *identificação das áreas ou seções de matérias que apresentam baixo nível de interesse*; 2. a *localização de defeitos* (de redação, revisão, paginação, montagem, fotografias, impressão e outros).

8. *A avaliação das respostas e repercussões* – Um comunicador que deseja realizar um trabalho perfeito não pode deixar de medir as consequências da publicação. O que ele faz é lido por centenas de pessoas e provoca reações diversas. A comunicação de retorno – *o feedback* – é o termômetro que medirá a qualidade da publicação. Por isso, o comunicador estabelecerá um plano para conhecer as reações despertadas pela publicação e, por meio delas, elaborará um programa de avaliação mais profundo sobre seu trabalho. O ideal seria realizar periodicamente uma pesquisa com boa amostragem do universo abarcado. O resultado seria analisado em função dos objetivos da publicação. As conclusões, certamente, indicariam se os meios e as técnicas utilizados para a transmissão da mensagem estavam sendo os mais convenientes. Quan-

do não há pesquisa, outros meios para captar o retorno podem ser encontrados. Há os que usam expedientes simplistas: lapsos propositais. Se foram notados ou comentados, fica provado que a publicação foi lida. Outros têm os seus "espiões" constantes, permanentes, que provocam ou escutam conversas, debates, polêmicas, elogios ou críticas às publicações, transmitindo-as ao comunicador. Existem, ainda, os contatos diretos dos comunicadores com algumas pessoas da audiência. Em todo esse esforço, vale a pena prevenir os comunicadores contra dois perigos: 1. os elogios dos amigos, dos que estão interessados em conquistar simpatia; 2. os palpites, talvez até honestos.

9. *Planejamento de evolução* – Não é difícil fazer uma boa publicação; difícil é fazer uma publicação sempre boa. A rotina diária destrói ou atrapalha a qualidade de um trabalho. Por isso, em pouco tempo, ele passará a apresentar-se com nível baixo se não conseguir melhorar sua qualidade. Cada edição precisa superar a anterior, como se cada nova fosse a primeira, evitando-se, desse modo, a rotina e os sistemas acomodados. O planejamento de evolução talvez seja a mais exigente das atribuições do comunicador rural. Para sugestão, aconselhamos a análise da coleção das 12 últimas edições; se a evolução da qualidade não for constante, ainda que discreta, algo estará errado. A decisão é começar a evoluir para melhor.

5. COMUNICAÇÃO E ADMINISTRAÇÃO DE CONFLITOS

AS CONQUISTAS MAIS SIGNIFICATIVAS da moderna comunicação empresarial parecem se voltar para o pedregoso terreno da administração de conflitos. Com efeito, nas últimas décadas, têm-se observado um crescente movimento das pressões sociais e um rebuliço mais forte nas relações do trabalho, fenômeno que se mantém presente em praticamente todos os países que adotam modelos avançados de industrialização.

As estratégias de comunicação empresarial – aqui entendida como o amplo leque que reúne atividades de relações públicas, imprensa, publicidade comercial e institucional, marketing social e os Sistemas de Informação – redirecionam-se no sentido do apaziguamento das tensões, dando ressonância, portanto, à realidade dos tempos atuais.

A nova disposição empresarial reflete, sobretudo, a imensa capacidade das organizações modernas, principalmente as empresas globais, para se adaptar ao meio ambiente, como uma das formas inteligentes de atenuar os riscos operacionais do sistema e, ao mesmo tempo, criar mecanismos de consenso, simpatia e produtividade.

Historicamente, esse novo sentido representa uma virada na direção dos fluxos de comunicação, na medida em que abandona a ortodoxa postura de estratégias eminentemente descendentes em favor do acolhimento de mensagens que nascem no bojo social; portanto, de natureza ascendente e agora, com as redes sociais, de perfil circular.

Não se trata apenas de evitar os enfoques exclusivamente imagéticos, mercadológicos, consumistas e ufanistas que marcaram o nascimento e desenvolvimento das atividades de relações públicas, publicidade e imprensa, a serviço das organizações. Não se trata simplesmente de readequar a filosofia de ação das relações públicas, que, ao longo de sua história, a partir do princípio do século, perseguiram firmemente o objetivo de conquistar simpatia para o universo empresarial. Trata-se, sobretudo, da incorporação, pela empresa, de um escopo que represente compromissos com a realidade social, o meio ambiente, as pressões grupais e o desenvolvimento dos seus recursos humanos, agora tratados não apenas com jargões, mas com ações políticas sérias, sólido instrumental e honestas intenções.

Não é necessário ir longe para a constatação do novo processo em curso. O Brasil é um exemplo de país que vem experimentando grande expansão e descentralização do consumo, com a entrada de novos polos especialmente nas regiões Norte e Nordeste. No entanto, permanecem gargalos sobre a produtividade e a competitividade, além da infraestrutura e de serviços básicos como saúde e educação. Paralelamente, cresce a demanda por uma nova ordenação do sistema político, dando expressão a novos segmentos da sociedade, os quais exigem ainda dos conglomerados e empresas soluções de comunicação bem diferentes das usadas há alguns anos.

A partir da efervescência social em várias regiões do país, com a descentralização de contingentes especializados de trabalhadores, com destaque para a agroindústria e o setor automobilístico, passa-se a observar, com nitidez, o esforço das companhias globais multinacionais em implementar campanhas de natureza social, que visam carrear a simpatia da sociedade.

Para aumentar o poder de diálogo com os sindicatos e as organizações da sociedade civil, muitas delas de recorte local ou regional, e diminuir os altos custos empresariais, representados pelo absenteísmo, pela rotatividade, pelos acidentes de trabalho, pela resistência a mudanças e pelas greves, empresas passam a adotar estratégias de marketing social que objetivam atender, com envolvimento comunitário, às aspirações dos seus trabalhadores. É o caso, por exemplo, das representações de empregados na direção das empresas. Essas representam, em última análise, um programa de comunicação ascendente, semelhante ao bem-sucedido plano de gestão japonesa do *Quality Circle*. São os casos dos programas internos de natureza assistencial que utilizam grande aparato comunicativo. Na frente externa, aparecem anúncios institucionais em revistas e portais de prestígio, realçando a preocupação com o empregado e, mais recentemente, com sua família, na tentativa de envolvê-la com os compromissos da responsabilidade social da empresa. E, ainda, a crescente participação das empresas em eventos festivo-cívico-culturais, sob a forma de promoção e patrocínio.

Neste momento de grandes transformações e desafios por que passa o Brasil, a comunicação organizacional tende a ganhar força, principalmente como mecanismo de sustentação de campanhas, prosseguimento das discussões coletivas, arregimentação de trabalhadores e reivindicações em setores governamentais.

No jogo das pressões e contrapressões, em que, de um lado, afloram, canalizados e bem articulados, os interesses dos trabalhadores e, de outro, um eficaz *lobby* organizado pelas empresas, os esquemas de comunicação constituem mecanismos oportunos e fundamentais para a administração dos conflitos, que se tornam mais frequentes por força da participação efetiva de segmentos engajados da sociedade. A premissa em que se baseia a nova comunicação empresarial parece ser a de que o conflito de interesses já não se situa apenas entre patrão e empregado, mas ganha foros mais amplos.

A sensibilização em relação aos problemas decorrentes das pressões sociais, cuja força aglutina desde a insatisfação da classe média até os clamores de grupamentos minoritários, significa, sem dúvida, um dos mais avançados passos dados pela comunicação a serviço da empresa em diversas nações do mundo, incluindo o Brasil.

6. RELAÇÕES PÚBLICAS E O CONSUMIDOR

A LÓGICA CLÁSSICA DO CONSUMO

PARA UMA CORRETA AVALIAÇÃO das amplas possibilidades das relações públicas quanto à figura do consumidor, principalmente num estágio de inequívoca interatividade, aliado às tensões sociais e econômicas que desconhecem fronteiras, é importante recuperar os contornos conceituais do que se pode chamar de processo de consumo. Afinal, não se pode isolar o consumidor, como ser individual, do processo social, econômico, cultural e político que o cerca. Eis, pois, alguns pontos que podem nos ajudar a compreender o exato papel das relações públicas a favor do sistema empresarial/organizacional e na perspectiva de atingir o consumidor.

Em primeiro lugar, é bom lembrar que o consumo se efetiva graças a uma lógica própria estribada, de um lado, pela necessidade de permitir um sistema de permuta entre fornecedores e consumidores (processo de significação e comunicação) e, de outro, pela característica de poder distribuir valores, notas e conceitos às pessoas (processo de classificação e diferenciação social). Assim, o consumo tanto permite que o sistema de trocas seja realizado quanto proporciona certo tipo de *status* a quem nele se engaja. Diz-se até que nunca os objetos são consumidos, em si significando, acima de tudo, sinais e símbolos de diferenciação entre os indivíduos. Em uma sociedade individualista e de forte valorização da imagem, esse recorte torna-se ainda mais evidente.

Deduz-se que a lógica do consumo reparte-se entre as necessidades fundamentais do indivíduo e sua satisfação psicológica, ficando evidente a distinção entre o processo individual de fruição e a satisfação do processo social de diferenciação. Em termos mais metodológicos, pode-se até arranjar o conceito de que o consumo tem significados diferenciados, de acordo com os enfoques que a ele se emprestam. Para o economista, nada mais é que o sentido utilitário, o desejo do consumidor de possuir determinado bem, de acordo com preferências estabelecidas pelas leis do mercado e pela clivagem dos produtos oferecidos. Para o psicólogo, trata-se de uma questão de motivação, de satisfação do ego. Para o sociólogo, a questão do consumo pode ser visualizada sob o prisma eminentemente sociocultural, quando, então, explica-se o modelo consumista dentro dos valores mais globais dos sistemas políticos e econômicos.

Para o antropólogo, trata-se de necessidades vitais do indivíduo, que é levado pela natureza a satisfazê-las. Esse *mix* conceitual embasa a figura do consumidor moderno. Torna-se muito complexo afirmar em que graus e em que circunstâncias os diversos ângulos do conceito pesam mais para situar determinado tipo consumista. É bem mais fácil argumentar que a lógica clássica do consumo, amalgamada pela visão multidisciplinar, expõe, em sua nacionalidade, um homem à procura da felicidade, dando preferência, nessa busca sem hesitação, aos objetos que lhe acarretem o máximo de satisfações. Esses objetos, produtos ou insumos, fonte de equilíbrio, nunca dão ao homem uma completa satisfação. Insatisfeito, a história da procura recomeça. E o ciclo do consumo é, assim, indefinido. Renovam-se os materiais e produtos de satisfação e diferenciação social, aparecem produtos originais, aumentam-se os ganhos, proliferam-se os bens, melhora-se a qualidade e atinge-se a meta do crescimento. Com inúmeras distorções, é claro.

A NOVA LÓGICA DO CONSUMO E O NOVO CONSUMIDOR

O momento contemporâneo brasileiro agrega alguns componentes e determinantes para a lógica do consumo predominante – as variáveis econômicas e políticas, por exemplo. As mudanças políticas, a indefinição econômica em relação ao futuro do emprego e à inflação são alguns elementos que denotam a necessidade do *risco calculado* na lógica do consumo. Isto é, não se arrisca tanto quanto há oito anos, quando se atingiu o pico do poder de compra do salário mínimo. Agora os produtos são mais selecionados, esforça-se para atingir o alvo, de acordo com a lei das maiores necessidades, e apenas o supérfluo pode ser reorientado para aquisição de bens que possam se classificar na categoria de exclusivamente destinados à procura de *status*. Tenta-se, evidentemente, conjugar os aspectos, ajustando todos os tipos de interesses, principalmente pelas camadas jovens, atraídas pela glamorização dos meios de comunicação.

A maior seletividade significa, de outra forma, mais esforço do consumidor, mais barganha, mais pesquisa e, ao final, mais exigência de qualidade. O *risco calculado* volta a impedir, sem dúvida, a aquisição de bens mais duráveis e de maior valor agregado, que possam comprometer o amanhã. Cresce a necessidade de reforçar a poupança, sinal mais representativo da hipótese da insegurança social. Esse sentido de acumulação de bens financeiros, em momentos de tensão e grande eletricidade, confere uma postura diferente ao consumidor, seja ele de produtos de massa, de bens duráveis ou de serviços.

As pesquisas de tendência sociocultural têm revelado contornos que mostram um consumidor seriamente preocupado com a realização profissional, buscando ardentemente equilíbrio no emprego. Em sua vida doméstica, alia o sonho de aquisição da casa própria, do carro ou da moto com a aquisição de aparelhos que facilitem a composição e as atividades do lar. Ao mesmo tempo, a indefinição quanto ao futuro, especialmente no campo econômico e da segurança pública, permite que se faça a inferência acerca da expectativa do consumidor sobre as mudanças, levando-o a certos descompromissos e quebra de tabus, como maior permissividade sexual, menor apego à ordem, pois esta como até agora foi idealizada não tem sido eficaz para a melhoria social.

Por outro lado, o esforço maior pela sobrevivência, na crise, gera maior criatividade, certo inconformismo e clamor por mudanças, que podem levar a um pensamento reflexivo e este, por sua vez, mostrar saídas e soluções. Exemplos dessas situações podem estar nos negócios próprios, desenvolvidos com ideias originais e implantados com esforço, determinação e persistência, e até na criatividade nas vestimentas, com toques bem pessoais. A escassez leva, por seu turno, as pessoas a um comportamento de *lazer recolhido*, denotando tal fato maior exposição dos consumidores aos meios de comunicação, principalmente eletrônicos, e agora ao uso de *tablets* e celulares, por onde acessam as redes sociais e os aplicativos de conversas instantâneas.

Outra forma de preencher o tempo pode estar na conservação da forma física, postura que pode ter explicações tanto pela influência dos modelos televisivos e das redes sociais, com o culto ao corpo dominando boa parte das mensagens e programação, quanto pela necessidade de ajuste psicossomático. Afinal, as tensões urbanas, consequência das imensas concentrações populacionais, necessitam de tratamento permanente, principalmente em momentos de estagnação econômica e intranquilidade.

Pode-se divisar, ainda, um consumidor altamente preocupado com a manutenção e preservação da natureza, inseguro diante das investidas à violência urbana, atirando-se de maneira incontrolada aos jogos de sorte e azar (megassena), numa busca incessante do mágico e irracional, na esperança de resolver os problemas em uma só tacada (o ganho na loteria).

Ao que parece, esses traços permitem desenhar o perfil do consumidor brasileiro neste espaço histórico, ficando mais claro o agente para quem deve se dirigir uma estratégia de relações públicas de amplo espectro e alcance.

A ANTIGA E A NOVA POSTURA DE RELAÇÕES PÚBLICAS

Tradicionalmente, as relações públicas sempre se postaram ao lado dos complexos sistemas e mecanismos de persuasão organizacional, trabalhando com suas ferramentas próprias na faixa de comunicação institucional. Não é momento para relacionar os imensos ganhos empresariais gerados pelas políticas de relações públicas. Sem dúvida, elas têm cumprido, historicamente, seu papel de aglutinadoras de interesses empresariais, e marcado, de maneira quase definitiva, a identidade do universo organizacional.

Em sua missão, procuraram sempre se adaptar às circunstâncias e aos tempos. Que novos ingredientes ditam, hoje, a necessidade de uma nova postura para as relações públicas? Tentemos responder. O primeiro ponto a se considerar diz respeito à necessidade de as relações públicas se adaptarem à cultura dos novos tempos e à identidade do novo consumidor. Esse novo consumidor, resultante do composto cultural e social retratado um pouco acima, é, hoje, sobretudo, um homem que se guia pelo que podemos chamar de "autogestão técnica". Define parâmetros para sua vida, estabelece metas, organiza-se de acordo com os riscos calculados, questiona a qualidade, é mais exigente e grita mais do que gritava no passado. Pleiteia, participa de passeatas e denuncia os produtos contaminados, sob os holofotes das redes sociais e dos canais abertos pela televisão e também por diversos portais da internet. Não aceita passivamente a mistificação. E mais: aprendeu até a contar a história da mistificação pelos mecanismos de comunicação.

Como se sabe, a cadeia de comunicação, composta inicialmente pelos elos que unem relações públicas, publicidade, jornalismo etc., era antes utilizada pelas empresas para tornar as escolhas dos consumidores simplesmente uma questão de persuasão. Persuasão pela informação convincente (jornalística), persuasão pela argumentação sólida, racional, lógica (publicidade), persuasão pela identificação de valores entre empresa e públicos, tornando simpáticos e favoráveis um conceito e uma identidade empresarial (relações públicas).

Agora, é obrigada a recorrer a novas especialidades, como o analista de mídia digital, para não apenas reforçar os aspectos da persuasão, mas também preservar a credibilidade das marcas. Porém, tanto ontem quanto hoje, é importante atenção a algumas técnicas, principalmente as publicitárias, que têm contribuído para certas distorções. Em relação a produtos, por exemplo, faz-se a crítica da quebra da lei natural do produto pela publicidade. Isto é, cada produto tem uma vida útil, que é desvirtuada pelo processo de substituição e troca. Abole-se a verdadeira realidade. Desfigura-se o real, substitui-se o concreto pelo abstrato, quebra-se a lei da naturalidade (os descartáveis são exemplos dessa situação). Levado o pensamento para um corpo mais abrangente de situações, poder-se-ia dizer que os mecanismos de persuasão despolitizam a política, desculturam a cultura e, de certo modo, dessexualizam o corpo, homogeneizando casos, planificando exemplos, estandardizando situações, amortecendo coisas fortes, fortalecendo coisas fracas, dourando a pílula e insistindo em narcotizar o consumidor. Em criar passividade. O consumidor passivo tem sido, historicamente, o alvo dos mecanismos de persuasão, mas esse mecanismo se tornou amplamente arriscado pelas possibilidades concretas de sua participação como produtor da informação por meio de canais que permitem *feedbacks* imediatos para uma audiência abrangente.

Os novos tempos mostram o despertar do consumidor, agora transformado no questionador, no homem exigente, no agente de transformação. Identifica-se tal posicionamento como um voltar às tradições mais humanísticas do culturalismo europeu, a vocação do homem para o zelo pelos objetos, muitas vezes imbuído do sentimento da preservação dos alimentos em seu estado natural. Esse novo consumidor, agora muito atuante, não aceita mais as explicações acerca de descasos, desconsiderações, desleixos, oferecidas pelas organizações públicas e privadas.

Nesse contexto, deve-se posicionar a estratégia de relações públicas, montada a partir do real do novo homem, do consumidor exigente, com base em um modelo de pesquisa sociocultural, coisa bem mais completa do que o simples desafiar e enumerar de públicos, como se tem feito tradicionalmente pelos Departamentos de Relações Públicas. As relações públicas, mais que antes, necessitam aprumar seu discurso à procura de pontos que possam justapor os interesses dos consumidores e das empresas sem, contudo, se desviar de compromissos éticos que restabeleçam a verdade, a realidade, as exigências dos consumidores.

Os novos tempos exigem que a política de *contar o que aconteceu* seja a marca dos compromissos empresariais. A ética dos negócios, nesses tempos de mudança, não pode passar por cima dos valores mais nobres do homem, principalmente quando esse se conscientiza dos seus compromissos maiores para com a sociedade. Restabelece-se e também se restaura, assim, a responsabilidade social das organizações, responsabilidade aqui entendida não apenas como sua possibilidade de gerar empregos, mas como sua obrigação de oferecer produtos honestos, de qualidade, e de reconhecer seus erros, omissões e desleixos.

Não se trata de falso moralismo nem mesmo de tentativa de busca de purismos. Trata-se, sobretudo, de considerar uma nova realidade social calcada numa dinâmica de mudanças e num sopro de renovação que corre por diversos cantos do mundo ocidental. Em países de economia em desenvolvimento, ainda com largas diferenças regionais e contrastes absurdos, o ajustamento das políticas de relações públicas torna-se ainda mais urgente, sob pena de vermos, mais uma vez, cópias mal desenhadas de modelos que, infelizmente, não têm sido moldados à nossa imagem e semelhança.

7. MARKETING DE PRODUTO E MARKETING INSTITUCIONAL

Os últimos 50 anos foram férteis na produção de um modelo de comunicação para servir à ideologia do consumo dentro do sistema capitalista. Esse modelo nasce praticamente no bojo da efervescência social, deflagrada nos Estados Unidos, após a crise de 1929, quando o forte movimento sindicalista exigiu das empresas um realinhamento estratégico. Porém, a fase de expansão do modelo ocorreria apenas após a Segunda Guerra Mundial, quando a tecnologia moderna começou a avançar em muitos países, fazendo aparecer novas indústrias e expandir consideravelmente o consumo de bens não duráveis.

Hoje, pode-se dizer que muitos países vivem um estágio pós-consumo de massa. Em um primeiro momento, observaram-se contornos apontando para o reavivamento das causas humanistas, os movimentos questionadores de jovens e minorias sociais, as organizações grupais e as tendências comunitárias voltadas para o conceito de autogestão técnica, cujo objetivo consiste em uma comunidade determinar seus fins e procurar os meios adequados para consegui-los. Simultaneamente, ganharam corpo as ideias da autossuficiência, do sucesso pessoal e profissional, do individualismo.

Dentro desse novo universo de relações, onde as expressões "desenvolvimento econômico" e "crescimento pessoal" surgem paralelas ao desenvolvimento integral da sociedade, e onde passa a se observar uma crescente interdependência da economia mundial, o modelo de comunicação a serviço do sistema organizacional deve, além de se preocupar com as vendas e os resultados nas ações, procurar sedimentar o conceito da credibilidade das organizações.

O contexto de crise que cerca determinados setores produtivos e de serviços da atividade econômica, inclusive no Brasil, com profundas repercussões sociais, indica a necessidade de reativar o marketing de produtos e o marketing social, promovendo racionalização e economia nos custos da comunicação empresarial.

Quanto à necessidade de as empresas acionarem em época de crise sua propaganda comercial, em vez de adotarem uma postura de encolhimento, isso já está mais do que comprovado. Em momentos de crise, propõe-se repensar o conceito de consumo com base na dinâmica da vida social, nas novas exigências e posturas de públicos consumidores, que, por via das dúvidas, estão querendo descobrir se, por trás de bons produtos, estão empresas confiáveis.

Aqui está exatamente o ponto central da questão, que impõe a necessidade de revermos o modelo comunicativo desenvolvido ao longo dos últimos 50 anos: reunir a ideia de qualidade de produto ao escopo de confiabilidade de quem produz e não programar separadamente as duas atividades.

A multiplicação dos mecanismos de pressão, nos regimes abertos, principalmente em épocas de crise, parece aconselhar às empresas tratamento mais especializado nas questões de comunicação, harmonizando a política de produto com a política de imagem institucional e promovendo a ligação entre aquele amálgama e as correntes socioculturais do meio ambiente.

Auscultar os comportamentos psicossociais, descobrir as tendências dos grupos, enfim, ajustar as estratégias mercadológicas e institucionais dentro de parâmetros não apenas quantitativos mas qualitativos parecem ser os segredos para um bom planejamento em comunicação.

Mais do que nunca, o surrado refrão da ética negocial deve voltar à tona, agora em nova roupagem, a que estabelece a conexão entre informação honesta, compromissos para com o desenvolvimento e identificação com anseios e aspirações de consumidores. Esse novo modelo, em absoluto, colide com as propostas de expansão do consumo, como à primeira vista pode deixar transparecer, mas apenas reordena o processo tradicional de comunicação, procurando valorizar o transcendente sobre o banal e estabelecer uma relação entre valores nacionais e regionais, ajustando-os aos momentos de retração do consumo no quadro da crise que se esboça, inclusive no Brasil.

Deriva de todo esse cenário a responsabilidade social da empresa, que deve estar comprometida com o esforço de independência tecnológica, econômica e financeira do país, e crente no homem como princípio, meio e fim da sociedade e de suas instituições.

Reunir produtores e compradores não apenas mais de bens e serviços, mas também de ideias, por meio de mecanismos que conciliem, de maneira profundamente interligada, aos interesses das áreas de publicidade, promoção de vendas, relações públicas, informações jornalísticas e outros segmentos de comunicação, certamente é uma hipótese aconselhável nestes momentos difíceis em que a imagem de um bom produto jamais poderá estar dissociada da imagem de uma boa organização. O modelo concebido na década de 1930 está definitivamente condenado. Quem quiser cultivá-lo arrisca-se a não entender as exigências de um momento contemporâneo conturbado e em mutação.

8. O MITO DA FELICIDADE NA COMUNICAÇÃO ORGANIZACIONAL

COM O SURGIMENTO DOS impactos sociais e tecnológicos sobre o homem, a comunicação empresarial devotou-se a criar o desejo da participação do cidadão na vida social. Foi, em seguida, instrumento da sociedade industrial. Passou a servir ao consumismo. Hoje, essa ideologia entra em uma fase pós-consumo; a posse de bens e a identificação com marcas tornam-se elementos constitutivos da própria identidade pública dos indivíduos. Surgem novas necessidades de comunicação em que se valoriza essa exposição, rejeitando-se maquiagens de produtos e serviços e exigindo-se sua qualidade, a verdade de seus propósitos. As mudanças daí oriundas atingem tanto a empresa internamente como suas relações externas. Como resultado, novas formas de comunicação impõem-se em um híbrido de plataformas digitais com veículos convencionais e ainda muito fortes de mídia, entre eles, canais de televisão (de sinal aberto e pago), jornais e revistas.

SOCIEDADE DA ABUNDÂNCIA

Um conto: "Era uma vez um homem que vivia na raridade. Depois de muitas aventuras e de longa viagem pela Ciência Econômica, encontrou a sociedade da abundância. Casaram-se e tiveram muitas necessidades".

A comunicação empresarial é um dos frutos desse casamento, e sua existência multiplica e perpetua as necessidades da sociedade da abundância. Seus paradigmas acabaram por atingir as organizações de forma geral, públicas e privadas.

Para que possamos entender essa primeira colocação, é preciso recuar na História. O clima antecedente às duas guerras mundiais criou novos hábitos e formas de relacionamento entre comunidades e grupos. Propiciou uma tomada de consciência de participação e a busca de um método para o diálogo.

Os impactos sociais e tecnológicos dos conflitos deram margem para que a História passasse de sua fase de industrialização de massa para a de *conscientização em massa*, o que nos sugere: 1. o despertar da consciência de participação do cidadão comum (num esforço de elevação do espírito individual); 2. a tentativa de os dirigentes empresariais e governamentais iniciarem uma nova fase, a da informação responsável, necessária para a obtenção do consenso dos seus liderados, da comunidade e do povo em geral.

Primeira posição, a de ajuste

A comunicação empresarial assume, pois, uma primeira posição – a de ajuste entre grupos sociais, de atividade que visa adaptar homens, empresas e instituições às necessidades da vida moderna, a de meio de mobilização dos chamados *mecanismos de consentimento*, que começam a aparecer quando o povo tem acesso à informação.

Nesse trabalho de integração de grupos, a comunicação empresarial transcende o seu posicionamento empresarial, isto é, transcende sua posição de atividade a serviço da empresa. Torna-se um instrumento social, na medida em que reúne produtores e compradores de bens e serviços. Cria e deve criar o desejo de participação do cidadão na vida social.

Segunda posição, a de instrumento da sociedade industrial

Vivemos numa sociedade industrial – definida pelo conjunto das formas de organização econômica, pelos modos do poder social, pelas formas de luta social, pelo ambiente cultural que produz uma cultura de massa. Vivemos numa época da racionalização, da organização científica do trabalho.

Mas vivemos também num mundo em que já não se acredita que os fenômenos sociais e a maneira de viver sejam regidos apenas pela economia – como por muito tempo se acreditou. Portanto, uma nova ordem de relações passa a existir. E a empresa, dentro desse novo universo, reajusta-se e reavalia os seus papéis. Passamos a viver num mundo solidário, onde a expressão "crescimento econômico" deu lugar à palavra "desenvolvimento".

Dentro desse mundo, os dirigentes começam a perceber que os objetivos de suas empresas não são apenas o lucro. Eles tentam identificar outros fatores e situações dos quais dependem suas organizações. Passam a verificar que são tributários do meio ambiente, de consumidores que podem eventualmente contestar o tipo de produto fabricado, seja por causa da poluição que a fábrica gera seja pelas finalidades dos produtos. Eles passam a verificar que sua existência e a de sua empresa estão ligadas a aspectos fundamentais da vida: a destruição da natureza ou da paisagem, as condições de vida do meio ambiente, a urbanização das cidades, os meios de pressão e de persuasão da opinião pública.

Conclusão a que se chega: não bastam os ganhos, é preciso credibilidade. Aliás, ela se torna o principal ativo intangível que ajudará a expandir o capital financeiro e político das organizações. No caso das empresas, estas passam a ser vistas como células fundamentais da sociedade, que criam trabalho, que geram empregos e um excedente de riquezas. Daí sua interdependência com a sociedade. Se a sociedade vai mal, a empresa também irá pelo mesmo caminho.

A comunicação empresarial, nesse contexto, aspira a ser a tuba de ressonância dessa nova ordem de coisas e porta-voz das novas disposições comunicativas. A uma sociedade industrial em permanente caráter de inovação devem corresponder meios adequados e eficientes de comunicação.

O retrospecto histórico dessas fases pode ser sintetizado pelas definições que, por muito tempo, caracterizaram o embasamento conceitual para as relações públicas:

a) O público que se dane (Vanderbilt).
b) O público deve ser informado (Ivy Lee).
c) O público quer ser informado (período da Segunda Guerra Mundial).
d) A sociedade *exige* ser informada e *deve* ser compreendida.
e) A sociedade quer participar e coproduzir.

Dentro dessa nova ordem passamos a perceber que o conflito de classes já não se situa, exclusivamente, na empresa, entre o patrão e o empregado. A empresa constitui apenas um polo da questão. Hoje, o palco das lutas sociais, nos regimes abertos, está na relação entre os centros do poder econômico e político. Está no cerne da organização da vida social. Está na estrutura do meio ambiente. Por exemplo: não é preciso ir longe para constatarmos que a escassez de água é um problema político, social, geográfico, cultural e, sobretudo, uma questão de lucros. Daí a possibilidade de isolarmos as variáveis da questão.

A comunicação empresarial, a serviço da organização e da administração, no sistema capitalista, deve procurar criar fluxos irradiadores de opinião com os centros de decisão a fim de atenuar os riscos operacionais do sistema empresa.

Numa sociedade de setores interdependentes, dirigida pelo poderio das grandes empresas e pelo Estado, que dizem se preocupar com o bem comum da coletividade, canais e formas de comunicação empresariais são imprescindíveis para que a mensagem da empresa chegue de maneira clara e sem distorções a grupos, organizações, profissionais e entidades geradoras de pressão.

OS PASSOS DA COMUNICAÇÃO EMPRESARIAL: AS RPS, A PUBLICIDADE

Foi nos Estados Unidos – o berço da civilização do caixote de lixo (existe até uma sociologia do caixote do lixo: "Dize-me o que deitas fora e dir-te-ei quem és") – que nasceu a comunicação empresarial, sob a capa muito tênue e indefinida das relações públicas.

Quando os americanos começaram a se preocupar com a estatística da porcaria e dos detritos, e, ainda, quando começaram a articular a chamada concorrência e a ideia desvairada do consumismo, detonaram a necessidade de ferramentas comunicativas. As relações públicas constituíram o primeiro instrumento dessa ordem de vender e vender mais e mais.

Em seguida, institucionalizaram a publicidade comercial, elaboraram o anúncio sutil e passaram a manipular as mentes. E, a partir desse instante, deitaram por terra todos os moralistas com seus princípios.

Como? Muito simples: acabando com a lei moral interna a cada produto, a cada objeto. Sabemos que cada objeto tem uma função de utilidade, tem um tempo de duração, mas a publicidade comercial passou a projetar novos valores: a simples troca do objeto pelos caprichos da moda, criando-se, assim, o desperdício em escala nacional e internacional. E o desperdício é considerado uma forma de loucura, de demência, de disfunção do instinto, que impele o homem a queimar suas reservas e a praticar a irracionalidade.

A noção de utilidade deixou de ter lógica. O cidadão foi coagido a consumir. E a ter prazer. Isto é, a ideia de prazer passou a ser um dever e não uma função natural. "Com isto, visite os Andes, *try Jesus* (experimente Jesus)." Importa experimentar tudo. Pode ser que a experiência dê ao indivíduo uma sensação inédita. O homem tem curiosidade de tudo, quer experimentar; e teme perder sua oportunidade. Já não é o gosto, o deleite que estão em jogo, mas a curiosidade. Criou-se a inutilidade funcional. E o consumismo passou a se revelar como poderoso elemento de dominação social (por meio da atomização dos consumidores) e traz consigo a necessidade de coação burocrática. Um paradoxo.

O paradoxo? O automóvel e o tráfego. Apela-se para o automóvel como opção para sair de casa, e pregam-se a responsabilidade coletiva e a moralidade social; o cidadão deve deixar seu automóvel em casa para "desafogar as ruas".

Pois bem: esse processo passou a ser alimentado pela publicidade comercial. Como técnica de persuasão e sugestão, ela objetiva influir sobre o mercado, sobre as respostas aos estímulos de compra dos produtos. Ela passou a apoiar a política de comercialização, demonstrando ser arma poderosíssima, principalmente quando manipulada em níveis científicos.

A PUBLICIDADE INSTITUCIONAL

Mas a empresa também precisou falar de si, de seus planos, de seus objetivos. E criou a publicidade institucional, que, ao lado das relações públicas, é a semente do que entendemos por comunicação empresarial. A empresa criava, assim, as técnicas de apoio ao marketing. Essa situação ainda perdura, mas novas necessidades começam a ditar o comportamento empresarial. Em muitas regiões do mundo, sobretudo as subdesenvolvidas, um processo de mudança começa a soprar com intensidade. Na América Latina, embora copiando o modelo norte-americano, a empresa passa a ter outras preocupações, frequentemente ligadas ao papel social da empresa.

Quer dizer: a empresa pretende ser moderna e eficiente, e para isso deve ter aptidão para a realização de tarefas básicas (incluindo aí sua preocupação em melhorar a tecnologia de determinados processos), mas também demonstrar lucidez – aqui começa o seu novo posicionamento – e sensibilidade para compreender as circunstâncias de seu próprio momento histórico.

Em outros termos: a empresa deve ter poder e capacidade para estabelecer uma comunicação eficiente com cada uma das fontes em que e para as quais atua; deve ter condições para criar e projetar uma imagem própria que traduza, com fidelidade e eficiência, sua realidade atual e suas aspirações; deve criar as condições para permitir que outros identifiquem seus traços certos e errados. (Por que uma empresa não pode apresentar seus erros?)

UMA MUDANÇA DE PAPEL, UMA INOVAÇÃO NO CONCEITO

A postura de encolhimento e medo começou, portanto, a ser ultrapassada. E a ideologia do consumismo ideológico, que explodiu nos *mass media*, foi mesclada a uma ética publicitária, com a finalidade de preservar certos valores inerentes ao homem e aos tipos de sociedade, em fórmulas inovadoras de promoção empresarial em que a *verdade* se tornou uma das variáveis. Isto é, tentou-se desmistificar o Olimpo de castelos e sonhos azuis de vedetes e de seres e objetos encantadores que habitam as planícies de nossas consciências.

Começou aí um tempo em que se tenta mostrar que o Rei é humano, que o artista de TV vai ao banheiro e o presidente dos Estados Unidos é corrupto. Os meios de comunicação voltam a se encontrar diante de sua única e válida opção: a procura da verdade. E com isso não estão, como aparentemente se pensa, criando posturas de oposição. Quando os veículos norte-americanos de massa – jornais, revistas, TV, rádio e cinema – criaram a pressão social que derrubou o presidente Nixon nos anos 1970, não estiveram em nenhum momento contrários ao sistema americano, mas a seu favor. Isto é, quem estava contra o sistema era o Nixon, corrupto, que não se coadunava com o sistema de valores pregados pela Constituição norte-americana.

Os *mass media*, portanto, apenas cumpriram a sua missão: a de procurar a verdade. E essa nova postura passou a pautar a mídia além das fronteiras norte-americanas. Desmistifica-se a TV – por exemplo, o filme *Rede de intrigas/Network*, de 1976, transformou-se num clássico ao mostrar essa nova situação no terreno cultural. Um locutor de noticiário de emissora de TV acaba involuntariamente revertendo a baixa audiência do programa ao anunciar que cometerá suicídio, dando início a um verdadeiro *reality show* que aumenta a audiência do telejornal.

E nesse momento histórico de redefinição e correções, a empresa também está presente. Paulatinamente, ela abandona sua postura paternalista típica e a era de um relacionamento formal patrão-empregado. O homem passa a adquirir importância capital no âmbito das organizações. De ser dominado pela máquina, mais um parafuso na engrenagem industrial, o homem passa a ser *agente do fim* do processo desenvolvimentista que tem na empresa uma das peças importantes.

Por muito tempo, a sociedade industrial apoiou-se na concepção do homem como o músculo artificial, a máquina-ferramenta que pensa. Hoje, com o desenvolvimento dos recursos humanos, com o desenvolvimento do sistema de treinamento, com o aperfeiçoamento dos níveis educacionais, o homem adquire novas exigências. Desenvolvendo-se a educação, desenvolvem-se também as necessidades de realização, que desembocam naquilo que o matemático francês Robert Lattes chama de autogestão técnica (segundo ele, os grupos que, em dada região ou cidade, querem defender-se contra a poluição, ou defender certa paisagem e certa concepção de enquadramento de sua vida, constituem um exemplo de autogestão técnica). Imaginem os contornos que isso adquiriu em uma sociedade altamente conectada pela internet.

A comunicação organizacional, nesse contexto inovador, deve servir de suporte às novas necessidades de comunicação. Deve constituir-se numa nova forma de relação entre a empresa e o mundo onde está situada; deve representar uma estratégia especial com o objetivo de criar uma comunidade de símbolos e signos identificada com o novo mundo; deve trabalhar no processo de humanização da empresa.

Todos sabemos que, para vender e comprar melhor, é necessário que vendedores e compradores estejam identificados com os mesmos problemas. A vida é um jogo de compensações recíprocas. Desse esquema a empresa não escapa. Viver é tratar do mundo, com o mundo, dirigir-se a ele, de maneira honesta, é atuar de maneira correta.

Assim, pois, a comunicação organizacional deve abandonar suas antigas posições – de defesa intransigente de sistemas, sem consideração pelas variáveis do comportamento do consumidor, da opinião pública, de sua comunidade interna, do governo. Prega-se um novo rol de técnicas e formas de comunicação que façam salientar o papel do homem, em vez do papel da organização (os novos ditames indicam que um homem satisfeito é o principal agente de promoção de uma marca, de uma imagem).

MUDANÇA NAS FRENTES

Em termos de política organizacional, as atitudes devem se concentrar em duas frentes: a) *a frente interna*, composta pela estrutura organizacional interna, que agrupa as normas, os princípios, as diretrizes e a comunidade de trabalhadores; b) *a frente externa*, que compreende o sistema competitivo, a área geográfica de influência e interesse da empresa, o governo, os grupos especializados da sociedade, os consumidores.

Campo interno

Em termos internos, tornam-se necessárias a criação e manutenção de um fluxo de informações que abranja todos os setores da organização, estabelecendo-se, por conseguinte, mecanismos de respostas adequados (dos quais podemos apontar os famosos *planos de sugestões*, hoje muito facilitados pelos meios digitais). Ao mesmo tempo, deve-se trabalhar em prol de uma imagem empresarial que corresponda à verdade do meio ambiente e do meio cultural, sem sofismas e simbolismos cor-de-rosa. Da coerência de imagem, da originalidade, da fidelidade, da eficiência dependerá, evidentemente, um maior ou menor grau de compromisso com os ideais empresariais.

É preciso haver identificação entre comunidade e sistema empresarial, porque ninguém – só os loucos e mercenários – se arrisca a lutar por uma causa que não conheça.

Campo externo

No campo exterior, a estratégia comunicativa visa atingir o sistema competitivo e o sistema industrial de base, isto é, a estrutura industrial do ambiente. A maioria das empresas depende de outras; umas abastecem outras, cria-se a interdependência, cenário incontestável da economia global. Ao mesmo tempo, no mercado, está a empresa concorrente. Para esse agrupamento, a estratégia de comunicação deve ser centrada numa ética e conduta moral que impeçam os conflitos operacionais.

Em outro nível, a empresa deve ter sensibilidade para promover os interesses da região onde está localizada, mesmo que ela esteja pulverizada em inúmeras unidades de negócios espalhadas em diversos países. Os grupos que habitam uma região têm preocupações e aspirações que devem ser da empresa, numa identificação e promoção do sentimento empresa-comunidade. A comunicação empresa-região deve apresentar características de informação honesta, solidariedade (por parte da empresa) e identificação precisa da imagem que a empresa quer projetar (por parte da comunidade regional).

Com o governo, é importante criar o intercâmbio, a troca de ideias, a fim de que tanto os funcionários governamentais possam captar o sistema empresa, com suas dificuldades e objetivos, como esta possa entender os anseios e as metas governamentais.

Com os grupos especializados da sociedade e com o público em geral, é preciso que se estabeleça a comunicação em duas mãos: à empresa compete entender a percepção e o comportamento dos grupos especializados e dos consumidores em geral, e estes devem entender o sistema empresarial como uma necessidade com alto sentido e importância para o seu desenvolvimento e o desenvolvimento do seu país. Mas não se admite, nestes novos tempos, o amontoado de pieguismo e paternalismo que o sistema empresarial jogava sobre os cidadãos, a título de benesses e privilégios.

As atitudes refletiam sinais de uma época em que dar presentes era mais importante que educar; conceder ajudas parciais era mais importante que orientar o cidadão para a vida; oferecer prêmios em concursos inúteis era um sentimento nobre. Hoje, o panorama mudou. As empresas demonstram certa sensibilidade e preocupação pela visão da realidade global e entendem que suas atividades estão relacionadas ao esforço geral de mudança e que suas metas e objetivos incluem não apenas o lucro, mas também o bem-estar geral.

REVOLUÇÃO NAS FORMAS

Essa nova proposta deflagrou uma espécie de *revolução cultural* nas formas. As atividades-meio da comunicação organizacional passaram a vestir novas roupagens. Inicialmente, a editoração empresarial de feição mais profissional – responsável pela produção e emissão de canais permanentes – despiu o manto colorido e luxuoso que cobria a cara de relatórios de empresas, então peças luxuosas; depois, ela incorporou o *design* gráfico como campo legítimo de uma nova linguagem; as relações públicas abandonam os trejeitos formais da organização – assemelhavam-se aos modos e maneirismos ultrapassados: "o bater no ombro, o cafezinho, o amigo aqui, preclaro colega acolá". Vejo as relações públicas como forma de comunicação organizacional, como uma atividade consciente e conscientizadora, como inspiração de confiança e fé, como promoção de ideais e valores consagrados pelo homem: a honestidade, a capacidade para o trabalho, o desejo de aperfeiçoamento profissional, o culto à família, a promoção educacional. As relações públicas constituem um processo evolutivo que persegue mudanças sociais, criando na opinião pública a necessidade contínua de adaptação. As relações públicas são, ainda, uma forma de pesquisa social, análise psicossocial, técnica contra as divergências e meio de superação de frustrações.

Por fim, como atividade das mais sólidas entre as que integram o vasto complexo comunicativo na empresa, o jornalismo empresarial assumiu, sem dúvida, a sua postura de integrador de comunidade, mostrando o cenário empresarial como ele realmente se apresenta sem distorções ou meias verdades.

O jornal da organização, como suporte de um programa de comunicação empresarial ou institucional, deixou de ser o veículo de enfoque paternalista que apresentava uma empresa e seu patrão como as melhores coisas do Universo. Pouco a pouco, assumiu posição de porta-voz da comunidade empresarial e nem por isso deixou de sustentar o sistema empresarial. Por abrir suas portas para o anseio das comunidades empresariais, o jornal de empresa não condena o patrão. Ao contrário, permite, com maior clareza, a criação de fluxos tanto ascendentes quanto hoje circulares de comunicação – de baixo para cima e em rede –, permitindo ao empresário conhecer melhor os seus funcionários e, por conseguinte, criando as condições para a tomada de decisões mais corretas.

Como investimento social dos mais relevantes e significativos para a organização, o jornal e a revista permitirão a efetivação daquilo que é considerado um dos fenômenos mais positivos da cultura de massa – a socialização da cultura, a democratização do universo cultural –, colocando na mesma mesa patrões e empregados, chefes e subordinados, burros e inteligentes, seja no formato impresso convencional ou na plataforma digital.

Não vamos falar de outras modalidades de comunicação organizacional porque a relação seria grande. Vamos ficar com estes três campos – o da editoração/*design*, o de relações públicas e o do jornalismo.

CONCLUSÃO

Vamos concluir tentando enfatizar a ideia de um mundo que se renova e a de um mundo em relações, onde o sistema organizacional e, em especial, o da empresa não podem ser dissociados do conjunto de variáveis e fatores que integram a célula social. É nesse contexto que podem identificar a importância da comunicação organizacional, que abrange métodos, técnicas e formas comunicativas que objetivam emoldurar a empresa dentro de um mundo real e jamais num mundo utópico. A linguagem fantástica e simbólica usada por muito tempo pelos jornais e pelas revistas de empresa, pelas relações públicas, pelos anúncios publicitários certamente deu grandes resultados. Venderam e vendem a nós, consumidores, certo ideal

de felicidade. E nós somos obrigados, forçados a comprar esse ideal, uma felicidade plantada numa cultura mítica e imaginária. Mas desejamos um pouco além: a aproximação entre os valores reais do trinômio sociedade-
-empresa-comunicação.

9. COMPROMISSOS SOCIAIS DAS ORGANIZAÇÕES

ALASTRA-SE, NO MUNDO EMPRESARIAL e das instituições, públicas ou privadas, o reconhecimento de que a empresa deve fazer mais do que atualmente tem feito, ampliando sua ação na sociedade com a finalidade de comprometer-se com determinados valores e escoimar-se de imperfeições e consequências maléficas da atividade econômica, tais como a degradação ambiental, a negligência para com o consumidor e mesmo a oferta de produtos e serviços de baixa qualidade.

A amplitude e a importância do papel social das organizações foram defendidas ao longo das décadas finais do século XX e princípios deste, não sem fortes resistências de segmentos da gestão empresarial, aqueles envolvidos com os problemas de caixa e, por isso mesmo, defensores do lucro imediato. Porém, áreas qualitativas das empresas acabaram conquistando espaço e criteriosamente definindo posições e ganhando terreno na proposta de fazer que as organizações se submetessem às leis sociais da mesma forma que às leis fiscais.

Nos argumentos a favor de uma ação empresarial mais profunda em relação às necessidades do homem, entram conceitos e variáveis que, de um lado, sugerem a maior vitalidade às políticas internas de recursos humanos e, de outro, apontam para a necessidade de redimensionamento das teorias sobre comportamento do consumidor. Em ambos os casos, prega-se uma relação mais autêntica e completa por parte da empresa para com produtores e consumidores.

9. COMPROMISSOS SOCIAIS DAS ORGANIZAÇÕES

Expliquemos por partes. A economia clássica procurou, por muito tempo, defender o princípio de que o homem sublima o seu poder de satisfação de necessidades e carências pessoais, tomando decisões com o exclusivo propósito de maximizar o ganho econômico para si mesmo. Ora, sabemos, hoje, que fatores comportamentais não podem ser medidos exclusivamente por moeda, constatação que levou as empresas a investir maciçamente em programas de desenvolvimento de recursos humanos e benefícios com base, aliás, em estudos feitos por figuras da Escola de Relações Humanas, entre os quais George Elton Mayo, na década de 1920, nos Estados Unidos.

Cada vez mais as empresas procuram dar força aos seus programas internos – nas áreas de saúde, higiene e segurança, treinamento e desenvolvimento de pessoal, comunicação, esportes, lazer, cultura e seguridade social, entre outros –, oferecendo, por seu intermédio, um salário indireto e, assim, disputando uma diferenciação no mercado. São esses programas que assumem, cada vez mais, uma função estabilizadora, atenuando tensões, criando ondas – de simpatia interna e uma aura de segurança e tranquilidade.

Dir-se-ia que investimentos naqueles setores são o testemunho mais eloquente dos compromissos sociais da empresa e representam, inegavelmente, um avanço seguro nas relações capitalistas, constituindo-se até em fundamento para o propalado neocapitalismo da era da globalização, porquanto as organizações estariam arcando com ônus e atribuições que, a rigor, lhes escapariam.

A outra ponta do sistema está no mercado, onde os consumidores, com suas expectativas individuais, estão também a derrubar o mito simplista do homem econômico racional, tão do gosto de alguns homens de marketing. Por essa visão, o que interessa é vender e, ainda, a finalidade principal é aumentar as vendas de uma marca, o que acontece convertendo os não usuários dessa marca em seus usuários.

Exames de dados de compras e pesquisas sobre comportamentos de consumidores indicavam já nos anos 1980 que o modelo de maximização do ganho monetário estava obsoleto, de onde se conclui que a tarefa dos mecanismos de persuasão não consiste primordialmente em converter, mas antes em reforçar e consolidar a confiança do consumidor na marca. Isso ganhou relevância ainda maior com o acirramento da concorrência e o surgimento de novas e grandes marcas globais, especialmente nas áreas de tecnologia.

Ora, diante da nova hipótese, afigura-se como cada vez mais oportuna e legítima a função social da empresa voltada para o meio exterior. Isto é, no sentido de reforçar a confiança do consumidor em seus serviços e produtos, a empresa deve se abrir para a sociedade, dizendo-se presente em atividades e programas que possam carrear-lhe simpatia e escopo de seriedade.

Recomenda-se, pois, a política de valorização do consumidor, com seus anseios, críticas e sugestões. Recomendam-se os esforços da empresa nas campanhas de defesa do meio ambiente, revigorando, assim, sua identidade como força útil e vital da sociedade. Uma forma que ganhou espaço no Brasil, obteve inegáveis êxitos e denota a extensão do papel social das organizações, tem sido o patrocínio de eventos e atividades culturais: recuperação de cidades e monumentos históricos, apoio a pesquisas e institutos de reconhecido valor, campanhas de adoção de atletas, ajuda ao desenvolvimento das artes, enfim, promoções que consigam edificar uma indispensável aliança entre empresa e cultura. Será possível, assim, compor o perfil das responsabilidades socioculturais das organizações e torná-las os principais pontos de atenção de um amplo programa de comunicação de imagem.

Atrelar os compromissos para com os funcionários às responsabilidades mais gerais para com a sociedade, formando um só composto, sob o conceito da função social da empresa, constitui, aqui, o alimento que, bem condimentado, poderá saciar as campanhas publicitárias dos nossos tempos exigentes, extremamente dinâmicos e instáveis. Para tal, será necessário auscultar o meio ambiente, sentir o quadro geral das tendências, identificar oportunidades e partir com a ideia de que investir na função social da empresa, tanto em nível de programas como em nível de campanhas de imagem, é investir em presença contínua e reforço de marca, o que indubitavelmente redundará em ganhos para produtos e serviços.

10. O EMPRESARIADO E A ÉTICA

UM NOVO PRODUTO PASSOU a ser "produzido" em maior escala pelo empresariado – a ética nos negócios. Embora se encontre em fase mais desenvolvida no Primeiro Mundo, o similar brasileiro tende a melhorar sua qualidade, aprimorando-se a partir da onda de moralidade que varreu o país desde o *impeachment*. Para atingir sua excelência competitiva, contudo, ainda precisa compatibilizar os desafios do mercado, o compromisso com o lucro e as pressões dos concorrentes com os procedimentos éticos.

Fomentar a integridade nos negócios não é fácil, principalmente quando as condições conjunturais favorecem o inverso. As próprias entidades empresariais têm alertado para o uso da sonegação de impostos como mecanismo desleal de concorrência. Muitos fatores contribuem para a adoção dessa conduta antiética nos negócios, entre eles a impunidade com a qual tem sido premiado o fraudador do Fisco e a complexidade do sistema tributário brasileiro, passível de falhas e corrupção.

Como se vê, a lei tem um papel relevante no desenvolvimento da ética nos negócios. A economia de mercado necessita ter no Estado moderno o ajustador no que compete à produção de bens e serviços, fixação de preços e fiscalização. Algumas leis foram editadas para limitar a falta de ética nas relações comerciais, mas não alcançam, com a contundência necessária, a apropriação de marcas e imagens, realizada por concorrentes desleais, interessados em incorporar conceitos englobados em determinado produto, e os vetores da qualidade, tradição e identidade consolidados com o público consumidor. Esse tipo de concorrência desleal expõe a ganância de empreendedores destrutivos, que desconhecem a base mínima dos procedimentos éticos.

Mas a ética nos negócios não se faz somente de fora para dentro das empresas. Segue necessariamente o fluxo oposto. As grandes transnacionais chegaram à sofisticação de incorporar códigos de conduta, nos quais elencam os procedimentos empresariais e valores morais diante das leis, do indivíduo e do mercado que devem ser assumidos. Essa postura tem um reflexo positivo globalizante à medida que o mesmo procedimento vale para todas as subsidiárias. Independentemente das práticas locais, a ação daquela corporação pode e deve ser aplicada aos ambientes de administração privada e pública.

No Brasil, procedimentos éticos significativos vêm sendo adotados pelo empresariado de maneira sistemática. A preocupação com a qualidade dos produtos, por exemplo, reserva uma estreita relação com a moralidade nos negócios, tanto que, quanto mais qualidade um produto ostenta, mais fácil será comercializá-lo eticamente e vice-versa. Ou seja, quanto mais ético for o empreendedor, mais qualidade tende a ter sua produção. É um círculo vicioso dos mais benéficos.

O aperfeiçoamento ético do material humano é outro desafio a ser vencido. Não basta a formação moral de cada colaborador. É preciso prepará-lo e municiá-lo para que adote procedimentos éticos nas escolhas administrativas que venha a fazer dentro da organização. A conduta empresarialmente correta tem de assumir responsabilidades, jamais separar o discurso da prática e preocupar-se com as demandas sociais, hoje voltadas, em grande parte, para a defesa do meio ambiente e da qualidade de vida.

O desafio de colocar mais ética no mundo dos negócios passa, necessariamente, pela preocupação com o consumidor. Mais atento, ele está, a cada dia, menos propenso a aceitar produtos inferiores, preços exorbitantes e justificativas enganosas. O empresariado brasileiro deu um grande passo ético ao introduzir o serviço ao consumidor, muitos dotados de *ombudsmen*, que constituem um canal aberto contra a insatisfação e as falhas do produto. A ética empresarial brasileira há muito tempo deixou o tempo das carroças e, em breve, pode virar produto de exportação.

11. VULNERABILIDADE DO CONCEITO DE ORGANIZAÇÃO: O RISCO DA *DISSONÂNCIA COGNITIVA*

UM CASO QUE SE tornou emblemático da área da comunicação organizacional, do marketing e de gestão de crises foi o maior desastre químico da história, a tragédia de Bhopal, na Índia, quando 40 toneladas de gases tóxicos vazaram de uma fábrica de pesticidas da Union Carbide, atingindo 500 mil pessoas e provocando a morte estimada de 13 mil, em curto e médio prazos. Pelo menos três mil mortes foram confirmadas num primeiro momento, projetando um quase irrecuperável passivo negativo à organização. As perdas humanas e as feridas provocadas pelo acidente denunciaram não apenas a tragédia ambiental e o precário controle de segurança que cerca os complexos químicos, principalmente em países periféricos, mas também colocaram à prova um modelo de gestão empresarial que já se encontrava em crise.

Analisando o fenômeno, sob a perspectiva do marketing e da comunicação, saltam a vista algumas ponderações. A primeira coisa que chama a atenção é a extrema vulnerabilidade do conceito das empresas, principalmente quando este deixa transparecer um vácuo entre a identidade e a imagem. Por identidade, queremos dizer a natureza verdadeira, própria, dos negócios, o perfil técnico e cultural da empresa. Por imagem, deve-se entender aquilo que passa, que se transfere, simbolicamente, para a opinião pública.

No caso da Union Carbide e, sem dúvida, de muitas organizações, cremos existir grande distanciamento entre identidade e imagem, fato que ocorre, geralmente, pela preocupação de esconder a face perigosa dos negócios e a apresentação glamorizada dos produtos e serviços. Para a opinião pública, a verdade sobre a identidade das organizações só aparece em momentos de crise. E, nesses momentos, buscam-se, de maneira intempestiva, os "remédios" da comunicação para ajustar o marketing negocial, como se as estratégias e ações de relações públicas, propaganda e publicidade e imprensa fossem milagreiras e pudessem, sozinhas, cobrir os males expostos.

Há de se concordar que a comunicação, como função-meio, trabalha no sentido de mediar certos conflitos e traumas gerados pelos negócios. Mas quando ocorrem catástrofes, como a provocada pelo gás da Union Carbide, o isocianato de metila, a comunicação não pode "salvar a imagem", sobretudo com ações pobres, do tipo "justificativa das falhas", "garantia de maior segurança", "demonstração de horror dos diretores pelo acidente", "promessa de divulgação das causas". Esse leque de medidas, de certa forma, vem repor a imagem da empresa para a situação anterior ao desastre, provocando, consequentemente, o que se chama de *dissonância cognitiva*, que é o grau de deterioração que se estabelece na mente das pessoas, resultante da comparação entre duas verdades: a verdade da empresa e a verdade oriunda do acidente. Quando isso ocorre, as medidas de comunicação se assemelham, também, a um desastre.

A par da relativa importância de medidas emergenciais de curto prazo, como notas à imprensa, explicações a jornalistas sobre condições de segurança, abertura das portas da fábrica aos meios de comunicação, parece-nos que o fundamental, num momento de crise aguda, é traçar linhas de um planejamento em longo prazo que possa recuperar um dos mais nobres e escassos produtos no contexto econômico contemporâneo: a *credibilidade*.

Mais importante que a postura de *stand-by* ou *low-profile*, tão apregoada pelo modelo tradicional de relações públicas, estribada no velho refrão "A memória do povo é fraca, sua capacidade de esquecer é imensa"; mais importante que reunir especialistas para produzir notas, nas quais as linhas e entrelinhas são lidas e medidas com invulgar e exagerada preocupação, é a planificação do marketing para superar a crise. Fundamentalmente, o planejamento deverá conjugar ações e decisões voltadas para:

- *o redimensionamento do negócio* – análise do negócio, como risco, decisões estratégicas sobre novos processos, técnicas, mercados (fechamentos ou não de fábricas, substituição de processos, análise da concorrência etc.);
- *o redimensionamento dos controles de segurança* – reexame em profundidade da questão da segurança para os complexos negociais;
- *o redimensionamento das condições socioambientais* – o estudo do meio físico e sociocultural e suas relações com o tipo de negócio, notadamente no atual modelo global de negócios, em que um produto às vezes é a soma do trabalho de unidades em diferentes países, diferentes culturas;
- *o redimensionamento das políticas e estratégias de comunicação* – análise sobre meios, canais, técnicas, processos, fluxos de comunicação usados normalmente pela empresa e necessidades de ajustamento e integração, tarefa que ganhou um novo segmento especial – o *social media* –, o qual deve analisar a cada giro do relógio tudo que se fala sobre determinada marca ou organização na rede mundial de computadores, *tablets* e celulares.

Construir credibilidade é o desafio das organizações. Mas a credibilidade também é um produto, que tem seu ciclo de vida e suas fases. Pensando nela dessa forma, imaginamos que seu ciclo vital tem início nos diagnósticos e redimensionamentos acima propostos (primeira fase ou fase de lançamento), cresce e se desenvolve com a implantação das medidas e dos novos projetos (fase de crescimento), atinge o pico com a reposição do conceito da empresa em níveis diferenciados da imagem antiga (fase de consolidação e maturidade).

Ao longo do tempo, as ações de comunicação evidentemente estarão alimentando os mercados consumidores e a opinião pública com informações a respeito dos negócios, dos novos controles de segurança, das preocupações ambientais, ao mesmo tempo que monitora os riscos de desconstrução dessa imagem por meio das redes sociais. A preocupação com o meio ambiente poderia ser uma bandeira a ser desfraldada pelos mais diferentes tipos de organizações, não apenas aquelas de forte impacto sobre o meio ambiente, como a Union Carbide. O público consumidor está interessado hoje em conhecer a qualidade das matérias-primas agregadas aos produtos, quer ter a garantia de que não exploram o trabalho infantil nem expõem os trabalhadores a condições análogas à de escravidão, entre muitos outros. Denúncias recentes que envolveram marcas mundiais da área de confecções e peças esportivas obrigaram-nas a vir a público reafirmar o compromisso com os direitos do homem. Em longo prazo, elas conseguem recuperar a credibilidade desde que passem coerência e consistência entre as ações-produtos-identidade das marcas, quebrando o ciclo da *dissonância cognitiva*, ou seja, principalmente, se houver o esforço de aproximar a identidade da empresa de sua imagem, evitando os vácuos e as distorções no seu conceito. Com esse ajustamento, será mais difícil à credibilidade, como produto, cair no quarto estágio do ciclo de vida, que é a fase do declínio.

12. A COMUNICAÇÃO NAS ORGANIZAÇÕES PÚBLICAS E ASSOCIATIVAS

ORGANIZAÇÕES PÚBLICAS

TRATAMOS AO LONGO DESTA obra da emergência de uma nova cultura civilizacional, arco sob o qual contextualizamos conceitos paradigmáticos de comunicação organizacional, lançados há 30 anos.

Domenico De Masi (2000) define essa sociedade como a "civilização do lazer", favorecida pela tecnologia, pelo maior conhecimento e especialização, e pelo predomínio do setor terciário, de serviços. Seria ainda, na leitura de muitos outros autores, uma sociedade tecnetrônica, ao associar tecnologia e eletrônica e encurtar as noções de tempo e espaço.

Mesmo que Di Masi se revele otimista com o desfecho das novas condições estruturais e culturais do mundo contemporâneo, pós-industrialização, o fato é que alguns reflexos negativos acabam se tornando contínuos a essas transformações. Do ponto de vista geral das organizações, o tema foi abordado nos dois capítulos iniciais desta segunda parte do livro. A ideia aqui é fazer um recorte especial desse fenômeno sobre o campo das organizações públicas e associativas.

Do ponto de vista político, dois aspectos destacam-se nesse novo ambiente do século XXI e precisam ser considerados para a leitura do macroambiente: a alienação crescente, vinculada à expansão da abundância e do "consumerismo"; e o declínio dos valores atrelados à democracia, também associada à expansão econômica. Paralelamente, assiste-se ao fortalecimento da tecnoburocracia, traço observado mesmo em empresas privadas, por meio de um menor contato direto entre as pessoas, da desumanização dos dirigentes e da elevação das metas como imperativo central da existência das organizações.

Dessa maneira, que alternativas restam, por exemplo, às empresas públicas engessadas em estruturas antiquadas, em hábitos e comportamentos viciados? Deve-se partir aqui do princípio de que a comunicação é sempre um bem necessário, especialmente no Brasil, com a edição da Lei da Transparência (de nº 12.527/2011), que procura garantir o acesso de todos os cidadãos aos atos dos órgãos públicos e às autarquias, tanto da União quanto dos estados, municípios e do Distrito Federal. Entretanto, a administração pública brasileira apresenta mentalidade muito arcaica. Parcela significativa dos funcionários públicos no país pensa de maneira ortodoxa, considera suas repartições um baú velho e seu trabalho uma obrigação. Estão ali, mas adormecem mental e psicologicamente no serviço, trabalham no automático, não se entusiasmam e não têm criatividade.

A comunicação, portanto, padece dessa mazela que é a doença da acomodação, a paralisação do tecido da malha pública. As instituições públicas são, em geral, burocráticas, inertes, paquidérmicas, e a comunicação sofre, inevitavelmente, os efeitos dessas estruturas obsoletas. Seu desafio está em fazê-las se aproximar da sociedade. E para se adaptar aos novos tempos é preciso desde a reestruturação física dos espaços e ambientes à reorientação dos seus quadros humanos, com treinamento, adoção de novos procedimentos, formatação de canais diretos e indiretos de contato com o público, de comunicação e informação, ou seja, da instituição de uma verdadeira cultura da transparência.

Importante para o desenvolvimento desse processo é compreender três grupos de conceitos que servem para balizar as estratégias a ser adotadas. Elas precisam considerar:

A – O eixo dos discursos

- *Semântico*: composto pela essência informativa e persuasiva que se extrai dos programas de governo sob os quais devem agir as administrações públicas.

- *Estético*: desenvolvido por meio de signos e símbolos visuais (cores, desenhos, tipos gráficos etc.).

B – Etapas e ações
1 – Compor o conceito a ser atrelado à identidade

O primeiro passo de um programa de comunicação e marketing na administração pública é definir o conceito que se pretende fixar e passar para a população. Trata-se aqui de estabelecer o QUÊ da administração. Esse QUÊ abriga a identidade, a coluna vertical, que se extrai a partir de uma lupa sobre os programas prioritários. A administração pública tende a trabalhar com muitos aspectos e muitas ideias. O resultado é uma colcha de retalhos.

A identidade acaba sendo canibalizada pela multiplicidade de ângulos; e as administrações não transmitem a essencialidade de seus programas. O varejo e as atividades rotineiras estiolam os aspectos prioritários, e os governos ficam sem referencial de marca, de postura, de ideias, de valores. Por isso mesmo, do conjunto programático, deve-se selecionar as ênfases, em três ou quatro grandes áreas.

A seleção dessas áreas irá gerar conceitos-chave, palavras de comando, ideias-síntese, as quais servirão para balizar o programa de comunicação da administração. Por isso, o sistema de comunicação deve estar presente nas decisões sobre o conceito da administração.

2 – Compor a identidade visual

A formação do conceito complementa-se com o programa de identidade visual das administrações. Aí se definem as cores, o logo, o *slogan* (frase-síntese que exprime o conceito), os tipos e matrizes de letras a ser aplicados nos prédios da organização pública, em seus recursos físicos e materiais, em suas plataformas móveis e nos canais de comunicação. É como uma vestimenta, que deverá passar à sociedade, num primeiro momento, *inputs* contendo os conceitos de modernidade, agilidade, eficiência, tecnologia, ética, seriedade, harmonia e beleza plástica.

3 – Alterar ou corrigir o conceito
Mesmo que isso represente um custo extra e oneroso, às vezes é necessário alterar ou corrigir o conceito ao longo de uma gestão. Quanto mais cedo se iniciar a busca por uma definição, mais tempo haverá para desenvolver e aperfeiçoar as ideias centrais. Mas, se depois de certo período a administração perceber que não conseguiu estabelecer seu conceito por meio das estratégias então definidas, sugere-se imediata correção de rota.

É claro que a partir daí a bateria de comunicação terá de repercutir o novo conceito de maneira mais forte, em função do tempo menor que disporá para internalizar, com a sociedade, os programas e as ideias. O que não se aconselha é, em hipótese nenhuma, formar um conceito em cima de coisas inexistentes. A comunicação e o marketing apoiam-se em ideias, ações e fatos.

4 – Pesquisar as expectativas da população
Comunicação e marketing sem pesquisa é chute. Nenhum administrador, por mais competente e intuitivo que seja, terá sucesso em um programa de governo sem auscultar a comunidade. A checagem das aspirações, dos anseios, das vontades e expectativas da população dará ao programa de comunicação e marketing o devido balizamento para suas estratégias e ações. E a cada seis meses é recomendável uma pesquisa de opinião, quantitativa ou qualitativa, para aferição do clima ambiental. A pesquisa qualitativa, para a conferência dos padrões administrativos, oferece a vantagem de aprofundamento de questões relativas aos rumos dos governos. Mas é um tipo ainda pouco explorado, apesar de bastante utilizado nas campanhas eleitorais.

5 – Organizar um sistema orgânico de difusão e distribuição da identidade-imagem e das informações de interesse público
Trata-se aqui de formar a malha dos canais de comunicação. E aqui vale importante alerta: constitui equívoco muito comum entre as equipes internas de comunicação e marketing considerar tão e somente as grandes empresas de mídia, como emissoras de TV, rádio, jornais, revistas e, agora, portais de informação e redes sociais.

Dessa forma, é importante estabelecer a seguinte divisão:

- Para ações de marketing massivo, recorrer aos canais de maior abrangência, no mínimo de âmbito nacional ou estadual.
- Para ações de marketing seletivo, optar pelos canais patrocinados por entidades representativas de sua área e afins, os quais oferecem forte poder de opinião e baixo custo de veiculação.
- Para o contato direto com seu público, usar veículos próprios, desde a sinalização das obras, murais nos prédios da administração, placas de identificação, a mídias como jornais, boletins, folhetos, *folders*, revistas, mapas, álbuns, mensagens eletrônicas, portais, canais nas redes sociais etc. Esse acervo pode se prestar à difusão de informações normativas, de orientação técnica, e a campanhas educativas.

O uso correto dessa malha multiplica a visibilidade das administrações, formando, internamente, uma consciência comprometida com os valores que elas pretendem passar. Vale a pena investir em um programa de modernização da rede interna de comunicação. Os jornalistas, regra geral, por sua formação acadêmica e profissional distorcida, tendem a abandonar as formas de comunicação que não tenham perfil jornalístico.

6 – Formar um sistema de articulação institucional

A articulação representa outro pilar importante do sistema de comunicação e marketing da administração pública, pois é esse braço que opera com as forças de apoio social. É preciso considerar a necessidade de um planejamento específico ao grupo de entidades que geram influência, fazem pressão e formam opinião no país, tais como sindicatos, associações, federações, entidades organizadas etc. A operação dessa articulação ocorre por meio de uma agenda de compromissos e contatos dos administradores públicos com os líderes do universo organizacional.

7 – Adensar a articulação política

Outra ponta da articulação encontra-se na área política. Aqui também é necessário estabelecer uma rede de contatos, organizando uma agenda para despachos semanais ou quinzenais dos administradores públicos com a classe política. O processo é absolutamente necessário para criar a fluidez administrativa, obter a aprovação dos projetos do Executivo nas Câmaras Legislativas e o apoio dos políticos.

8 – Promover o contato com o cidadão

Para o administrador público, principalmente do Executivo, o contato com a população, em eventos de massa, constitui o elemento energizador do seu organismo político. Isso representa uma estratégia de visibilidade direta e, dentro da psicologia do marketing político, diz respeito ao político do eu consciente, em que se insere o homem que sente e vê, o homem que quer amparar tudo que sentiu e pode rever. Para que o feixe de consciência desse homem se expresse, é necessário haver uma reação emotiva de interesses. E essa reação é despertada pela intensidade da atenção, provocada, por exemplo, pela presença física do gestor público com as massas. Nesses contatos estabelecem-se vínculos de simpatia e empatia entre o administrador e o cidadão, além de confiança e credibilidade, engajamento e solidariedade, valores que integram a maquinaria psíquica das multidões.

9 – Harmonizar a linguagem administrativa

Esse é um dos maiores desafios das administrações públicas. Há muito ciúme e vaidade nas equipes. Uns querem ser melhores que outros, enquanto alguns exibem opiniões divergentes dos demais. O conflito de ideias se forma e, por mais que se procure administrar os feudos e casulos estabelecidos na malha administrativa, sobra muito espaço para fumaças, fofocas e mal-entendidos.

Os administradores precisam encontrar um ponto de referência comum, harmonizando as linguagens, ajustando os pontos de vista. A imagem de um governo poderá se fragmentar caso a administração se transforme em uma colcha de retalhos. O marketing deve buscar os pontos de confluência no discurso administrativo e atenuar os pontos divergentes.

10 – Prestar contas à população

A falta de clareza predomina nas críticas às administrações públicas brasileiras. Há muita suspeição e chovem denúncias de favoritismo dos administradores. Esse aspecto pode e deve ser corrigido pelos homens públicos, por meio da estruturação de seu serviço de informação e transparência. Vale também apresentar periodicamente um balanço de sua gestão, uma prestação de contas a toda população, não apenas ao cidadão que requereu o acesso a determinada informação. Não se trata aqui de aplicar gordas verbas publicitárias para veicular os resultados da administração, mas também de implantar critérios de controle e formas de participação da comunidade.

11 – Aprimorar o marketing pessoal do administrador

É difícil e muitas vezes impossível mudar o comportamento, a postura, a identidade de uma pessoa. Mas é viável ajustar a identidade, corrigir posturas, mudar o discurso, buscando-se novas ênfases, novas propostas. Os governantes, bem como assessores, devem se submeter a programas de reciclagem para se municiar de informações, ideias e aprofundar conhecimentos sobre economia, política e gestão. Devem conhecer outras experiências e buscar, permanentemente, criatividade e inovação.

12 – Organizar a estrutura adequada de comunicação e marketing

É fundamental que o programa de comunicação e marketing seja desenvolvido dentro de uma estrutura adequada, com recursos e meios necessários para sua operação. Não adianta querer ter sucesso na comunicação e no marketing se não há recursos e se as condições são precárias. Marketing, por exemplo, não é jogo de palavras. Não é utopia nem abstração. É pesquisa, comunicação, articulação, promoção, mobilização social, e isso tem um custo, nem sempre baixo.

C – Maximizar os programas e cuidar das ameaças

Para melhor aproveitar o programa desenhado pelo sistema de comunicação e de marketing, torna-se fundamental conhecer o ciclo de vida de uma administração pública, notadamente aquela proveniente de um cargo eletivo. Ele compreende seis fases:

- O lançamento da administração

Os primeiros seis meses são dedicados ao diagnóstico e ao ajustamento da máquina administrativa. Tanto o marketing como a comunicação deverão procurar promover rigorosa avaliação das fraquezas e ameaças da administração, na perspectiva de abrir oportunidades e maximizar seus potenciais.

- O ajuste da identidade

No segundo semestre do primeiro ano, começam a aparecer os primeiros sinais de visibilidade e os primeiros programas de ação.

- A fase de crescimento

No segundo ano, as administrações começam a operar seus programas de modo mais firme, com destaque para as prioridades. O conceito de administração emerge fortemente vinculado às estratégias de marketing e de comunicação.

- A fase de consolidação e maturidade

O terceiro ano é o ciclo das realizações, quando se procura consolidar os programas. A administração está madura, a equipe ganha experiência e as áreas de comunicação e marketing terão de passar esse ideário.

- O clímax/auge

O último ano é, geralmente, o ciclo mais político, com a administração voltada para programas de inaugurações e demandas políticas. Se até o presente a administração não ganhou um conceito, perdeu a chance. Passará em branco.

- O declínio

No caso de cargos eletivos, há riscos de que o governante entre no despenhadeiro e jogue sua imagem para as profundezas. Quando isso ocorre ao final de sua gestão, é pouco provável que faça o sucessor, exceto se este souber descolar a sua imagem do antecessor. No caso de dirigentes dos demais entes públicos, sua organização poderá perder credibilidade ao dissociar a identidade-imagem, estrategicamente construída, do serviço efetivamente prestado ao cidadão.

Nesse percurso administrativo, é comum surgir ameaças ao programa de comunicação e marketing, entre elas:

1 – Sobrecargas informativas

A ânsia de passar muitas informações para a mídia, por parte das assessorias de comunicação, acaba provocando o fenômeno da "canibalização informativa". Uma informação come a outra. É um grande risco, pois o adensamento dos fluxos de comunicação pulveriza o conceito da administração. Os pontos-chave, às vezes, acabam ganhando menos destaque que aspectos secundários. O planejamento dos fluxos comunicativos, com suas cargas informativas, é fundamental para o sucesso de um programa de comunicação e marketing.

2 – Subvalorização da assessoria

Não adianta organizar um programa na área se a equipe administrativa não tiver noção de sua importância. É preciso que ministros, secretários, coordenadores e chefes tenham ideia exata do que representam a comunicação e o marketing. Significa, por outro lado, que devem considerar os assessores peças fundamentais na engrenagem administrativa.

3 – Estrutura inadequada

Cada administração deve organizar todo esse sistema de maneira adequada, suficientemente dimensionada, contendo minimamente as funções de pesquisa, imprensa, relações públicas, propaganda, analista de mídias sociais, editoração e *webdesigner*, articulação, promoção, mobilização e apoio administrativo.

4 – Ausência de (ou baixa) qualificação dos profissionais

Os quadros devem ser plenamente qualificados e passar periodicamente por reciclagem e aprimoramento. A administração pública provoca, mais que a iniciativa privada, a doença do amorfismo, da dormência, da conformidade. Os quadros devem se submeter a choques de criatividade. É preciso trabalhar com arrojo.

5 – Falta de sinalização de fatos e discursos positivos

Há governos que perdem muito tempo com diagnósticos e passam para a sociedade a ideia de que estão sempre criticando os anteriores. O cidadão cansa-se de diagnósticos, de molduras antigas, de perfis de governos passados. Quer ver ações, coisas concretas, mão na massa. O conselho é evitar o desgaste dos discursos negativos e ganhar espaços com discursos e fatos positivos.

6 – Falta de aprimoramento do discurso

Um administrador público deve cuidar do aperfeiçoamento de seu discurso, considerando que a população reage às seguintes alavancas psíquicas:

- de adesão: discurso voltado ao aceite dos programas pela população, associando-o a bons valores;
- de rejeição: discurso voltado para o combate às coisas ruins, como administrações passadas, por exemplo;
- de autoridade: discurso em que se usa a voz da experiência, do conhecimento, da autoridade para procurar convencer;
- de conformização: discurso orientado para ganhar as massas que usa, basicamente, os símbolos da unidade, do ideal coletivo, do apelo à solidariedade.

Como se vê, o administrador público pode tocar uma melodia com diversos instrumentos, mas seu futuro correrá riscos se ficar quatro anos tocando na mesma tecla.

ASSOCIAÇÕES

As estratégias de comunicação e marketing para as organizações associativas devem levar em consideração três pontos: as classes representadas pelas instituições, os interesses desses grupos e a liderança dos dirigentes.

Os indivíduos que compõem a base, sejam empresários, trabalhadores ou profissionais autônomos, querem ver onde é empregada a contribuição (dinheiro) paga à entidade e qual o retorno – na maioria das vezes imediato – das quantias aplicadas. Querem ainda avistar a repercussão dos fatos de interesse da categoria ou classe, bem como do nome da instituição que os representa. Desejam que a filiação seja levada em consideração pelo meio profissional no qual estão insertos, em especial pelos clientes.

Embora nem todos possuam a devida consciência acerca do valor do trabalho institucional, a postura de luta pelos direitos, pela melhoria do grupo e dos conceitos de união, representatividade, abnegação dos próprios interesses e obrigações e pela busca de conquistas maiores vende uma imagem engajada, responsável e consciente. Na verdade, os associados buscam essa imagem.

Isso demanda que a entidade esteja presente na mídia para que seu nome e suas ações alcancem visibilidade, desenvolva trabalhos internos, elabore projetos, se posicione perante importantes questões nacionais, mostre sua voz e, mais do que isso, projete sua força. O problema é que na maioria dos casos as instituições não possuem força nem representatividade perante a opinião pública, por compor um setor extremamente fragmentado e difuso, em especial nos dias atuais. Por exemplo, entidades que até o início do presente século detinham grande força e visibilidade, como a Central Única dos Trabalhadores (CUT), representando amplo espectro da classe laboral, e a Federação das Indústrias do Estado de São Paulo (Fiesp), porta-voz de um segmento econômico outrora vistoso, já não contam com o mesmo poder de mobilização. Os atores principais das economias nacionais já não são os mesmos.

A indústria deixou de ser responsável pela maior parte do PIB dos países e, no caso específico de São Paulo, sofreu o agravante de ver um número significativo de plantas produtivas fecharem ou migrarem para outros estados ou mesmo nações. Cresceu o setor terciário, de serviços, hoje respondendo por cerca de 70% do emprego da mão de obra. Mas quem detém o maior poder econômico atualmente ainda não se articulou nem consolidou em torno de grandes entidades representativas. O poder público e a mídia ainda mantêm o foco sobre os representantes da indústria, estão atrasados em relação ao compasso das mudanças.

O movimento econômico e de mobilização da comunidade, em tempos recentes, vem gerando a dispersão do poder dos grupos, ao contrário do que acontece ainda em países como a Bélgica, onde permanecem apenas três sindicatos concentrando a representatividade de todos os trabalhadores. É sobre esse quadro que se destaca a importância do sistema de comunicação e do planejamento estratégico para a consecução dos propósitos de uma organização associativa. E por suas características bem particulares, bem diferentes dos demais entes privados ou mesmo públicos, nessas entidades ganha relevo o braço da comunicação interna.

BASES PARA UM PROGRAMA DE COMUNICAÇÃO

Como em qualquer outra organização, o pressuposto inicial de uma estratégia comunicativa é procurar instituir um discurso homogêneo que expresse um conceito, tenha compreensão e adesão de todos, e balize as estratégias de divulgação. O discurso serve ainda, internamente, para eliminar pontos de conflito, enquadrar as tentações da vaidade e criar um clima organizacional favorável ao gestor. Outro ponto é traduzir esse discurso em uma boa identificação visual. O conjunto deverá ser empregado pela associação para expressar suas ações, posições, atitudes, serviços e transmitir informações ao contribuinte, público de seu interesse imediato, e, a partir dessa base, desenvolver ações como as apresentadas a seguir, subdivididas em dois grupos.

A) Dentro dos recursos do jornalismo, de RP e publicidade

- Produzir veículos informativos com periodicidade definida, sejam eles em plataforma analógica (impressos) ou digital (*newsletters* e revistas eletrônicas, boletins veiculados em sites etc.). É preciso informar os filiados acerca das ações que vêm sendo empreendidas em favor do grupo, como uma espécie de prestação de contas, mostrando ainda o que está sendo desenvolvido, suas ações perante os órgãos públicos, a mídia e os demais setores organizados da sociedade. Mas esse material deverá portar uma linguagem visual e verbal moderna, garantindo-se a qualidade dos textos e das imagens (infografia, fotos, ilustrações etc.).

- Trabalhar as pautas e a linguagem de forma clara e compatível com os interesses dos grupos. Matérias de consultoria devem orientar os leitores e fornecer ampla e relevante gama de informações, além de dados, números e resultados de pesquisas novas que auxiliem os filiados em seus negócios.
- Criar um serviço permanente de informações à mídia, massiva ou especializada, por meio da assessoria de imprensa, que poderá transformar em notícia de relevo, por exemplo, os projetos e dados de pesquisas produzidos pela área econômica da entidade. Além da visibilidade garantida por esse processo, uma boa relação com a mídia contribui para construir uma reputação de credibilidade da associação e de seus dirigentes.
- Produzir material de suporte que sirva como referência e consulta aos associados pode ajudá-los a planejar melhor seu futuro. É o caso de apostilas, livros, guias, artigos e análises conjunturais, que podem ser disponibilizados via canais tradicionais, como cartas e boletins, ou mesmo por meio dos novos recursos eletrônicos. Eles vão desde um PowerPoint a publicações em portais de internet (website da associação). Aqui, o acesso deverá ser restrito aos usuários vinculados à organização, que lhes deverá fornecer espaço de cadastramento e senha.
- Organizar cursos, eventos e encontros, nos quais os associados possam se reunir, trocar experiências, conversar, discutir, conhecer-se, é essencial para que a organização desperte o interesse pelo trabalho institucional em andamento. Esse é um espaço significativo para estimular a vontade de participar, de avançar nos negócios, de buscar novas possibilidades, contribuindo para agregar valor e conhecimento.
- Veicular anúncios publicitários na mídia especializada ou de massa, chamando a atenção para a existência e a representatividade da associação.
- Realizar vídeos institucionais periódicos que apresentem um balanço da gestão.

B) Dentro do campo institucional, com implicações sobre a área da comunicação

- Garantir o incentivo à qualificação individual. Essa é uma das metas a ser buscadas pela associação, devendo permear boa parte das pautas e preocupações dos canais comunicativos.
- Desenvolver a articulação institucional, a qual representa outro braço importante para dar vazão aos anseios dos associados, bem como fortalecer a imagem de sua entidade representativa. Entra nesse escopo a relação da entidade com jornalistas e até parlamentares, passando pelos dirigentes das administrações públicas. Essa ponte constante ajuda ainda a identificar decisões ou mudanças em curso no segmento, a projetar tendências. Representa um trabalho importante da parte de assessoria política do sistema de comunicação da entidade.
- Prestar serviços de auxílio aos associados, como suporte profissional, consultoria jurídica e disponibilização de espaços físicos para encontros. Isso também contribui para aproximar a entidade dos interesses e problemas de seu público e fornece-lhe subsídios para definir ou rever suas ações, de forma a manter a sinergia com os filiados.
- Estabelecer, na esfera administrativa, canais de contatos diretos entre os vários departamentos da entidade, muitas vezes distribuídos em unidades estaduais ou regionais. É preciso garantir acesso rápido para a solução de problemas e dúvidas, trabalhando sempre pela harmonização da identidade e pela consecução de sua missão e metas. De outro modo, as áreas devem ter autonomia para agir, em especial a econômica e de comunicação, sendo a primeira para realizar pesquisas, elaborar estatísticas, planos para o desenvolvimento do setor, análise da realidade do mercado e projeção de tendências, e a segunda para expressar esse conteúdo de maneira eficiente.
- Trabalhar a formação dos quadros dirigentes e garantir que essas lideranças empenhem seus discursos e ações em prol da missão da entidade que representam e não de seus interesses individuais. O fato de um empresário ser o presidente de determinada entidade já lhe confere

um diferencial ligado à credibilidade no mercado. Entretanto, é preciso ter a confiança de que quem está no comando jamais utilizará o cargo em benefício próprio.

- Garantir a gestão participativa por meio da formação de comissões integradas pelos demais membros da entidade, o que aumentará a capacidade da organização para avaliar as ações e o desenvolvimento das atividades.
- Instituir programas de selos de qualidade e ética, recurso importante para criar diferenciais, reforçar a credibilidade da entidade no segmento em que atua, valorizar o seu papel com o filiado e ampliar sua projeção sobre as instituições e a opinião pública.

POSFÁCIO

UM APERTINHO NA TECLA do celular e, num átimo de segundo, a pessoa do outro lado da Terra tem acesso à mensagem do interlocutor. O mundo nunca esteve tão pequeno. As distâncias nunca estiveram tão estreitas. As nações veem imbricadas suas culturas, seus modos de vida e costumes. As fronteiras nacionais interpenetram-se sob a égide de softwares e hardwares cada vez mais sofisticados. Lugares recônditos são descobertos e os 7 bilhões que habitam a Terra já não se acham tão estranhos quanto pareciam há algumas décadas. Tudo leva a crer que essa teia – calcula-se que teremos 9,3 bilhões no planeta por volta de 2050 – tende a ser uma comunidade uníssona na esteira do *boom* tecnológico que se expande por todos os espaços.

Estamos vivenciando a plena Era da Revolução Tecnológica no campo das comunicações. Em qualquer ambiente, somos afetados e influenciados pelas gerações de *chips* e aplicativos que se multiplicam nos jardins da vida. Nos elevadores, pessoas entram e saem, com olhos no celular e dedos nas teclas, deixando de lado a liturgia de cumprimentos, mesmo aqueles expressos na rapidez de um "bom-dia" ou "boa-tarde". Nas ruas, em cidades de quaisquer tamanhos, a conexão eletrônica enfeita a estética urbana, ao lado da parafernália de imagens e cores em desfile em *outdoors* eletrônicos, em cartazes movimentados e paredes que mais parecem telas de cinema.

A indagação emerge: aonde chegaremos com tantos avanços nas telecomunicações? Como o caminhar alucinante das tecnologias afetará as comunicações rotineiras, as verbais, as impressas – jornais e revistas –, as dos veículos eletrônicos – rádio e TV –, a propaganda, enfim, as comunicações nas organizações sociais e políticas? A resposta é uma caixa de pandora, cujo conteúdo ninguém conhece. O que é possível prever é a infinita capacidade de a roda das comunicações girar celeremente nos mais variados campos da tecnologia. Estaremos cada vez mais insertos no Estado-Espetáculo, com seus palcos para o desfile dos atores políticos, para a exibição dos últimos adereços da moda e dos objetos de desejo que fazem o sonho de parcela ponderável dos habitantes do planeta: carros, aviões, lanchas, roupas, mansões, recantos de lazer e beleza.

É evidente que, sob essa gigantesca e exuberante teia de imagens, as organizações – empresas privadas e públicas, entidades de intermediação social (ONGs) e de representação profissional (federações, associações de classe, sindicatos) – serão profundamente afetadas. Ou, melhor dizendo, continuarão a ser impactadas, eis que, hoje, são plenamente influenciadas pela bateria tecnológica. Veja-se a questão da identidade e da imagem. É mais complexa, em nossos dias, a tarefa de sedimentar a identidade e expandir a imagem de uma organização porque um esforço nessa direção esbarra com um conjunto de variáveis: competitividade entre empresas, maior profusão de marcas, capacidade de adaptação aos climas e às culturas locais, criatividade das campanhas propagandísticas, interação com a esfera política e a gestão pública, entre outros fatores.

Na contemporaneidade, a imagem de uma organização passa a enfrentar um conjunto de obstáculos, a começar por um consumidor mais exigente e crítico, legislações restritivas, controles de qualidade mais aprimorados, a par da bateria pesada de meios de comunicação que expandem a visibilidade de problemas e conflitos relacionados às empresas. Ataques midiáticos, intervenções governamentais, erros de cálculos no lançamento de produtos, questões de logística podem, da noite para o dia, interferir na imagem de uma organização. Acrescente-se a esse esboço a imbricação dos negócios com a política, na esfera do que Roger Gérard Schwatzenberg chama de tecnodemocracia (empresários, políticos e burocratas em simbiose), para se projetar o campo de riscos a que se sujeitam as organizações contemporâneas. Empresas que detinham enorme credibilidade, fama e prestígio veem-se, de repente, despojadas de sua aura de grandeza.

E, desse modo, o patrimônio intangível, representado pela marca da empresa, alicerçado ao longo de anos a fio por meio de continuados esforços e investimentos, resvala pelo despenhadeiro de imagem, o que exigirá novas batalhas para o empreendimento de restauração imagética. São incalculáveis as perdas de celebradas empresas com as curvas dadas por seu patrimônio intangível. Daí a necessidade de apuros técnicos nas áreas de construção e recuperação de imagens. Ou seja, urge trabalhar de maneira constante com os eixos do marketing institucional (a pesquisa, o discurso, os públicos, a comunicação, a articulação e a mobilização).

Outra ênfase volta-se para a esfera interna das organizações. Nesse caso, trata-se de cuidar de ajustes periódicos nas vertentes – nas formas e nos meios de comunicação – voltadas para as comunidades de colaboradores. Teremos, doravante, contingentes mais preparados, sintonizados com o meio ambiente geral, tendo em vista que as novas levas serão mais qualificadas e politicamente conectadas a líderes e instituições. Conviveremos com grupamentos críticos, interessados em expandir direitos na esteira da elevação de padrões das categorias profissionais. E não adiantarão controles aguçados – espionagem eletrônica no trabalho para formar contraponto. Ao contrário, a ideia do Big Brother nas organizações poderá exacerbar os ambientes e gerar animosidade entre o chão de fábrica e as ilhas de burocracia administrativa. Daí a necessidade de humanização nos espaços do trabalho.

Temos ainda em vista a expansão do trabalho nos espaços dos próprios colaboradores, pela perspectiva de racionalidade e enxugamento das estruturas, pelas mudanças na esfera trabalhista e pelo revigoramento da criatividade. Esse prisma na esfera do trabalho implicará mudança no plano da comunicação, exigindo-se abordagem especial no trato de um público que estará afastado dos ambientes fabris e burocráticos.

Os novos tempos colocarão em foco a necessidade de ajustar periodicamente os planos estratégicos de comunicação, revendo-se questões como mapeamento da imagem das organizações (pesquisas); comunicação interna e externa; escolha de eixos para o discurso da organização; reajuste de meios e formas de comunicação, matriz de públicos; abordagens linguísticas; planos de identidade visual; articulação com a sociedade organizada e com os setores institucionais e políticos; mobilização (programas de eventos promocionais). Ajustes e controles desses vetores devem-se às mutações que se aceleram na esteira da dinâmica social. No caso brasileiro, é oportuno lembrar a inserção – entre 2003 e 2010 – de cerca de 30 milhões de brasileiros à classe C, saindo da base da pirâmide para o meio. Tal avanço gera alterações em costumes e padrões de vida, situação que deflagra reposicionamentos de comunicação por parte das organizações.

Não poderíamos fechar a edição sem estas rápidas observações sobre o amanhã. As janelas do futuro estão escancaradas. Resta às organizações descobrir qual será o rumo do vento e ajustar seu caminhar ao espírito do tempo.

GAUDÊNCIO TORQUATO
São Paulo, início de dezembro de 2014

REFERÊNCIAS BIBLIOGRÁFICAS

ANDRADE, C. T. de S. *Para entender Relações Públicas*. 2. ed. São Paulo: Biblos, 1965.

ANSOFF, H. I. *Estratégia empresarial*. São Paulo: Mc Graw Hill, 1977.

BARNARD, C. I. "As organizações como sistemas corporativos". In: ETZIONI, A. *Organizações complexas: um estudo das organizações em face dos problemas sociais*. São Paulo: Atlas, 1978.

BELAU, A. F. *La ciencia periodista de Otto Groth*. Pamplona: Instituto de Periodismo de Navarra, 1968.

BELTRÃO, L. *Teoria geral da comunicação*. Brasília: Thesaurus, 1979.

BERLO, D. K. *O processo de comunicação*. Rio de Janeiro: Fundo de Cultura, 1960.

BLUMER, H. "A massa, o público e a opinião pública". In: COHN, G. *Comunicação e indústria cultural*. São Paulo: Nacional/Edusp, 1971.

BREED, W. "Comunicação de massa e integração sociocultural". In: COHN, G. *Comunicação e indústria cultural*. São Paulo: Nacional/Edusp, 1971.

BUCKLEY, W. *A sociologia e a moderna teoria dos sistemas*. São Paulo: Cultrix, 1971.

CANETTI, E. *Massa e poder*. Brasília: Ed. Universidade de Brasília/Melhoramentos, 1983.

CANFIELD, B. R. *Relações Públicas – Princípios, casos e problemas*. 2. ed. Trad. Olívia Krahenbuhl. São Paulo: Livraria Pioneira, 1970.

CASTELLS, M. *A sociedade em rede*. São Paulo: Paz e Terra, 2011.

CHERRY, C. *A comunicação humana*. 2. ed. Trad. José Paulo Ares. São Paulo: Cultrix, 1974.

DE MASI, D. *O ócio criativo*. Rio de Janeiro: Sextante, 2000.

DEUTSCH, K. W. *Política e governo*. Trad. Maria José da Costa/Félix Matoso Miranda Mendes. Brasília: Ed. Universidade de Brasília, 1979.

DRUCKER, P. *A nova era da administração*. São Paulo: Biblioteca Pioneira de Administração e Negócios, 1979.

Durand, J. "Rhétoriqua et image publicitaire". In: *Communications, 15*. École Pratique de Hautes Études. Centre d'Études des Communications de Masse, Paris, 1970.

Eco, U. "Sémiologie des messages visuelles". In: *Communications, 15*. École Pratique de Hautes Études. Centre d'Études des Communications de Masse, Paris, 1970.

Etzioni, A. *Análise comparativa de organizações complexas: sobre o poder, o engajamento e seus correlatos*. Rio de Janeiro: Zahar, 1974.

Festinger, L. *A theory of cognitive dissonance*. Evanston: Row, Peterson and Company, 1957.

Freidson, E. "Communication research and the concept of mass". In: *The process and effects of mass communication*. Urbana: University of Illinois Press, 1971.

Freire, P. *Multinacionais e trabalhadores no Brasil*. 3. ed. São Paulo: Cedal/Cedetim/Brasiliense, 1980.

Gracioso, F. *Marketing, uma experiência brasileira*. 2. ed. São Paulo: Cultrix, 1975.

Halliday, T. L. *Comunicação e organizações no processo de desenvolvimento: a função informativa dos técnicos*. Petrópolis: Vozes, 1975.

Hersey, P.; Blanchard, K. H. *Psicologia para administradores de empresas*. São Paulo: EPU, 1977.

Katz, D.; Kahn, R. *Psicologia social das organizações*. São Paulo: Atlas, 1970.

Lane, R.; Sears, D. *A opinião pública*. Trad. Álvaro Cabral. Rio de Janeiro: Zahar, 1966.

Lasswell, H. D. "A estrutura e a função da comunicação na sociedade". In: Cohn, G. *Comunicação e indústria cultural*. São Paulo: Nacional/Edusp, 1971.

Lazarsfeld, P.; Berelson, B.; Gaudet, H. *The people's choice*. Nova York: Columbia University Press, 1948.

Lerner, D.; Schramm, W. *Comunicação e mudança nos países em desenvolvimento*. Trad. Maria Heloisa S. Cappellato. São Paulo: Melhoramentos/Edusp, 1973.

Leyton, A. C. *A arte de comunicar – Comunicação na indústria*. Porto: Livraria Civilização Editora, 1970.

Likert, R. *Novos padrões de administração*. São Paulo: Pioneira, 1971.

Maleka, B. R. "Communication in management". *The Controller*, v. 22, 1954.

Maletzke, G. *Esquemas do processo de comunicação*. Centro Internacional de Estudos Superiores del Periodismo, Quito, Equador. Publicação do Departamento de Jornalismo e Editoração da Escola de Comunicações e Artes da Universidade de São Paulo, 1970.

March, J. G.; Simon, H. "A teoria do equilíbrio da organização". In: Etzioni, A. *Organizações complexas*. São Paulo: Atlas, 1978.

Mbow, A. M. Entrevista ao *O Estado de S. Paulo*, 30/9/80.

McCloskey, J. *El periodismo industrial*. Barcelona: Ediciones Zeus, 1960.

Moles, A. "As comunicações da empresa". In: Moles, A.; Duguet, M. *As comunicações na empresa*. Porto: Editorial Inova, s/d.

REFERÊNCIAS BIBLIOGRÁFICAS

_____. *Teoria da informação e percepção estética*. Rio de Janeiro: Tempo Brasileiro, 1969.

MORIN, E. *Cultura de massas no século XX – O espírito do tempo*. Rio de Janeiro: Forense Universitária, 1969.

MOTA, C. G. *Ideologia da cultura brasileira*. São Paulo: Ática, 1977.

PARSONS, T. *O sistema das sociedades modernas*. São Paulo: Pioneira, 1974.

PENINOU, G. *Semiótica de la publicidad*. Colección Comunicación Visual. Barcelona: Editorial Gustavo Gili, 1976.

PIGNATARI, D. *Informação, linguagem, comunicação*. São Paulo: Perspectiva, 1968.

PLANTY, E.; MACHAVER, W. *Upward communications: a project in executive development personnel*, v. 28, 1962, p. 316.

PRINCE, T. R. *Sistemas de Informação*, v. 1. Trad. José Ricardo Brandão Azevedo. Rio de Janeiro: Livros Técnicos e Científicos; São Paulo: Edusp, 1975.

QUESNEL, L. "A publicidade e sua filosofia". In: *Os mitos da publicidade*. Trad. Milton Ferreira Japiassu. Petrópolis: Vozes, 1974.

REDFIELD, C. *Comunicações administrativas*. 1. ed. Rio de Janeiro: Fundação Getúlio Vargas, 1967.

RESS, A. H. *Responsabilidade cultural da empresa*. São Paulo: Ibrasa, 1975.

SCHRAMM, W. "The nature of news". In: *Journalism quarterly*, 1949, p. 26.

_____. "The nature of an audience". In: FREIDSON, E. *The process and effects of mass communication*. Urbana: University of Illinois Press, 1971.

SEARS, D.; FREEDMAN, J. "Selective exposure to information: a critical review". In: FREIDSON, E. *The process and effects of mass communication*. Urbana: University of Illinois Press, 1971.

SODRÉ, M. *O monopólio da fala*. Petrópolis: Vozes, 1977.

TAGIURI, R. "Managing corporate identity: the role of top management". In: *Notebook*, preparado para a conferência sobre Identidade Corporativa em Nova York, abr. 1983.

TANNEMBAUM, P. H. "The indexing process in communication". In: FREIDSON, E. *The process and effects of mass communication*. Urbana: University of Illinois Press, 1971.

THAYER, L. *Comunicação: fundamentos e sistemas na organização, na administração, nas relações interpessoais*. São Paulo: Atlas, 1979.

VILLAÇA, M. J. *A força de trabalho no Brasil*. São Paulo: Pioneira/Edusp, 1967.

WEBER, M. *The theory of social and economic organization*. The Free-Press/Londres: Collier--MacMillan, 1964.

WEISS, D. *Communication et presse d'entreprise*. Paris: Éditions Sirey, 1971.

WIENER, N. *Cibernética e sociedade: o uso humano de seres humanos*. São Paulo: Cultrix, 1984.

O AUTOR

GAUDÊNCIO TORQUATO É PROFESSOR titular da Universidade de São Paulo e consultor de marketing institucional e de comunicação. Nos últimos 20 anos, desempenhou atividades em comunicação organizacional e marketing político, tendo implantado e dirigido áreas de comunicação para grupos privados, orientando e supervisionando projetos nos setores de relações públicas, imprensa, jornais e revistas de empresa, marketing cultural e identidade corporativa. Na área acadêmica, defendeu tese de doutorado sobre comunicação e jornalismo empresarial e tese de livre-docência sobre modelos integrados de comunicação para organizações. Há mais de 20 anos é articulista de *O Estado de S. Paulo*, escrevendo um artigo sobre conjuntura política, aos domingos, na segunda página. Recentemente, tem-se dedicado à consultoria de comunicação institucional, governamental e de marketing político, ao lado das atividades como conferencista. Foi professor da ECA-USP (graduação e pós-graduação), da Cásper Líbero (onde foi vice-diretor e professor da graduação e pós-graduação), do Instituto Metodista (pós-graduação) e das Faculdades Integradas Alcântara Machado. Publicou os seguintes livros:

Jornalismo empresarial – Teoria e prática (Summus, 1984);
Marketing político e governamental (Summus, 1985);
Comunicação empresarial/comunicação institucional (Summus, 1986);
Periodismo empresarial (Editorial Mendez, Lima – Peru);

A velha era do novo – Visão sociopolítica do Brasil (GT Marketing e Comunicação, 2002);

Gaudêncio, meu pai – Memórias de um tempo (Gaudêncio Torquato, 2008);

Tratado de comunicação organizacional e política, 2ª edição revista e ampliada (Cengage Learning, 2011). **Subtítulos: "Comunicação empresarial e pública", "Marketing e comunicação de governos estaduais, prefeituras e associações", "Marketing político e eleitoral", "Assessoria de imprensa; nome e marca", "Marketing pessoal e estratégias de guerra";**

Cultura, poder, comunicação, crise e imagem - Fundamentos das organizações do século XXI – 2ª edição revista e ampliada (Cengage Learning, 2012);

Era uma vez mil vezes... mil vezes. O Brasil de todos os vícios (Topbooks, 2012);

Gaudêncio Torquato – Coleção Memórias (Intercom, 2012);

Porandubas políticas (Migalhas, 2012);

Novo manual de marketing político (Summus, 2014).